U0930876

探索家

LEOPOLDO
ROMANORUM
IMPERATO
RI. S. A.
devotissime
D.D.D.
NOVA BRITANNIA
NOVA ANGLIA
NOVA BELGIUM
VIRGINIA
La Florida
NOVA HISPANIA
NOVA FRANCIA
Le Grand Banc
MARE ATLANTICUM
Acores Insulæ
alias Flandricæ
Tropicus Cancri
Canariæ Insulæ olim Fortunatæ
MAR DEL NORT
MAR DEL SUBTRA HENDÆ
ÆQUATORIS
MAR DEL ZUR
AMERICA MERIDIONALIS
PERU
Rio de la plata
TUCUMAN
CHILI
Fretum Magellanicum
OCEANUS ÆTHIOPICUS
Tropicus
Circulus
NAUTICÆ.

ME PRES
SAM TENEBRIS
无言的宇宙
隐藏在24个数学
公式背后的故事
-精装珍藏版-
[美] 达纳·麦肯齐 著 李永学 译
北京联合出版公司
Beijing United Publishing Co.,Ltd.

目录

序

我希望，本书能揭开那围绕着数学和方程的神秘莫测的面纱，让那些对此有兴趣的人得以窥其真容。

首先让我简略讨论几个有关术语。“方程”“公式”和“恒等式”这几个词都用于数学中，并带有略微不同的意义。“公式”的实用意义略强，人们运用公式解方程。“恒等式”的意义不那么深刻，隐含着它们可以通过纯符号操作加以证明的意思。但我在本书内不会刻意强调这些词之间的差别。

你也经常会在本书中看到“公理”“定理”“假说”和“猜想”这些词。“公理”是数学家们认为对未经证实的事实的陈述。他们这样认为，是因为他们或者确实相信这一公理是普适的真理，或者他们是为方便起见而以此作为讨论的出发点。

“定理”是数学真相的金科玉律，它是根据特定公理体系正式推导所得的陈述。它不受实验误差或认知方式的影响……唯一例外的是，公理系统本身可能被时代所淘汰。数学确实会发生革命，这些革命通常不是因为定理不正确而发生的，而是因为人们确认，这些定理依据的基础过于严格或过于宽松，或过于不准确，或与实际情况不够吻合。

“假说”与“猜想”是同义词，它们是尚未证明的数学陈述，但有支持这些陈述的实质性证据。这些证据可能来自类似但较低层次的定理或经验观察或计算机实验。无论如何，数学中的事实永远不能用经验证据、表面上讲得通的道理或统计测试来证明。这是区分数学和实证科学包括物理、生物和化学的原则。

不可避免地，哪些方程入选与个人品味和喜好有关。有些方程几乎是笃定入选的，如爱因斯坦的质能方程 $E=mc^2$，这或许是所有方程中最著名的。其他方程则除了最懂行的读者以外大家都不熟悉，如“连续统假说”。以下是我为确定某方程是否伟大所采用的一些标准。

1. *令人惊讶*。一个伟大的方程能够告诉我们一些过去不了解的东西。它看上去可能就像炼金术士的一份杰作；它能把一个量转化成另一个开始看上去与之风马牛不相及的量，并对每一步都解释得合情合理。这种魔力仅仅存在于能够发现其中联系的人的大脑之中。
2. *简洁*。一个伟大的方程具有日本书法般的简朴美感，囊括其中的只有其核心精华。它所叙述的是简单而作用重大的事物。
3. *能够产生重大效果*。我放弃了几个我认为优美而又发人深省的方程，因为它们最终只能进入寥寥几位鉴赏大家的法眼。让人留下最深刻印象的方程是那些让数学发生了革命性变化、改变了我们对世界的看法或者改变了我们物质生活的方程。
4. *具有普遍意义*。数学的最大吸引力之一是：一个今天证明为真的方程将永远如此，它不受时尚潮流的影响，它放之四海而皆准，它不受审查删改或者立法控制。

本书呈献的一些方程并非数学定理，而是物理“定律”或理论，如麦克斯韦方程。物理学理论通常是通过数据归纳或“科学方法”证实的，而不是从某套公理推导而来的。与数学定理不同，它们需要经过经验证据和统计检测确认，而且有时候，更为精确的实验会证明它们并非完美。

事实上，数学具有两重性。首先，它是因其本身而存在的一个知识体系；其次，它是表达宇宙知识的一种语言。如果你仅仅把方程视为传递科学信息的一种工具，那你就看不到数学解除我们头脑束缚的方式；如果你仅仅把方程视为智慧的结晶，那你就看不到自然对我们求索“正确”问题的微妙指引。

19 世纪德国数学家利奥波德 • 克罗内克曾说：“上帝创造了整数，其他的都是人类的贡献。”尽管我们并不完全清楚应该在多大程度上接受他的这一名言，但在历史上提出数学的神灵起源的绝非仅此一人。古代美索不达米亚人认为，数学是书吏守护女神尼沙巴的礼物。公元前 20 世纪的一位书吏这样写道：“尼沙巴是一位喜气洋溢的女性、一位真诚的女性、一位女性书吏、一位通晓万事的女性；她指引着我们，把着我们的手指在陶土上书写。测量杆、闪光的测量员之线、码尺和带来智慧的写字板，这些都是尼沙巴的慷慨赠品。”在巴比伦的数学写字板上，只有当问题解答者在答案结尾处写下“赞美尼沙巴！”时，该问题才算解答完毕。

古代中国人认为，数学的创始人是伏羲，传说中中国的第一位皇帝。人们经常把他描绘为手拿一把矩尺的人。3 世纪的数学家刘徽写道：“远古时代，伏羲创造了能与神灵沟通的八卦。”他还说，伏羲“发明了管控六十四卦变化的九九算法”。“八卦”和“六十四卦”是中国书法的基本单位，因此，这基本上等同于将文字的发明归功于伏羲；

而“九九算法”指的是乘法表。于是，数学并不仅仅是神灵的启迪，而是与文字一起由神灵发明的。

在这些说法中，我们已经可以认出从那时起便源远流长地发展着的三大数学支流。第一大支流为算术或代数，是数量的科学；第二大支流为几何，是形体的科学；第三大支流为应用数学，是将数学转化为解决工程学、物理学和经济学实际问题的手段的科学。

并未明显地表现在以上引文中的是第四大支流——无限的科学，即对无限大与无限小数量的分析，它对于理解任何连续运动或变化的过程来说是至关重要的。数学家简单地称这一分支为“分析”，尽管这个词在数学以外的世界中具有相当不同的含义。

由此，我认为数学的四个主要支流是代数、几何、应用数学和分析。以上四者全都相互交融，并以最为奇妙的方式相辅相成；而见证它们之间的相互作用，是作为数学家的一大幸事。差不多每个数学家都发现，自己受到这四大支流之一的吸引强于其他支流，但这一学科的美好与强大无疑来自所有四大分支。因此，本书四个部分中的每一个都有一个贯穿始终的主题或者说“故事情节”，它们与千百年来这四大分支的进化息息相关。

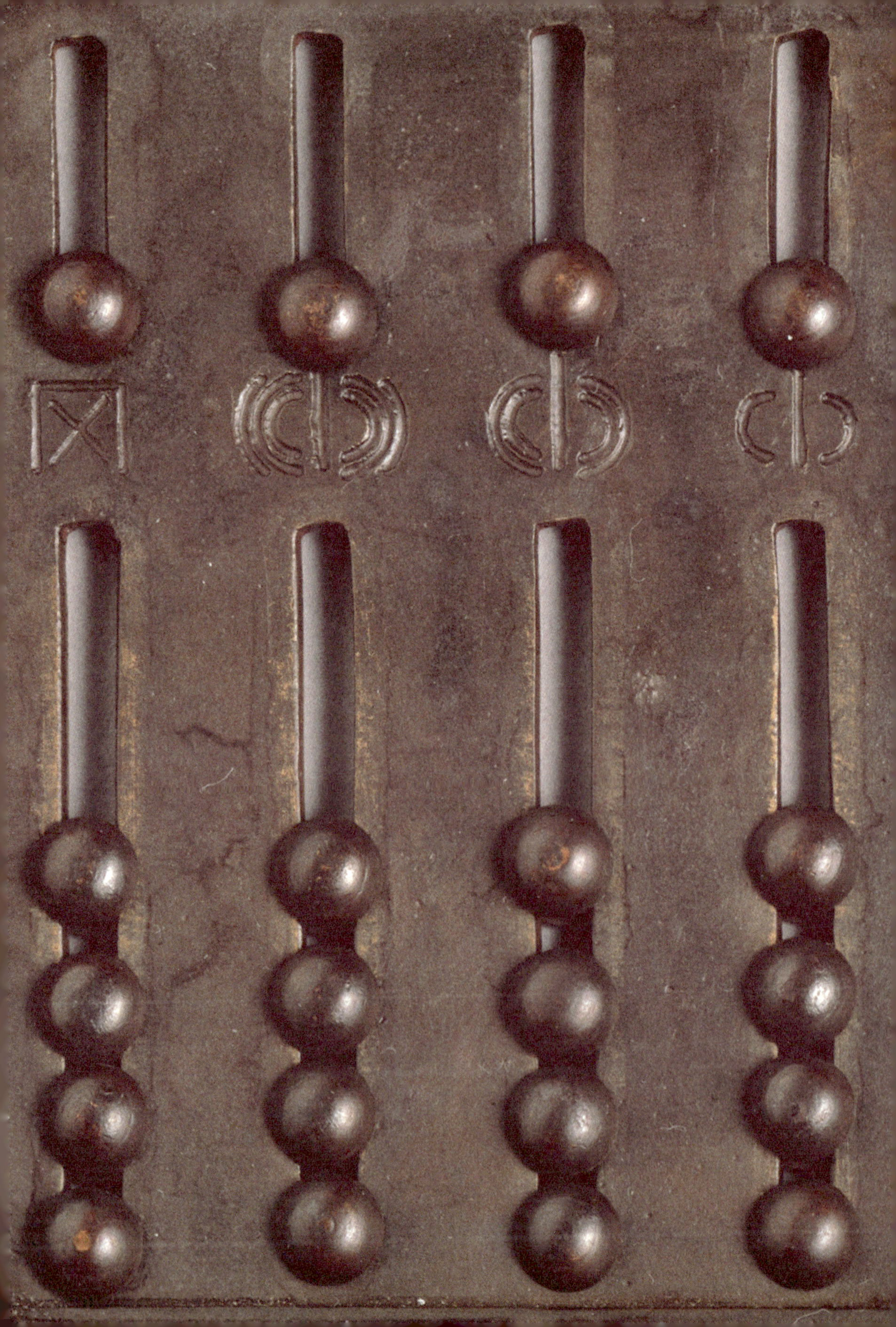

引言

算盘VS阿拉伯数字

里约热内卢的一个下午，诺贝尔奖得主、物理学家理查德·费曼[1]正在他喜欢的一家餐馆里用餐。其实此刻还不到吃晚饭的时间，所以餐厅里静悄悄的……但当一位算盘推销员走进来之后，一切就都不同了。侍应生们应该对买算盘没啥兴趣，但他们向推销员起哄，要他证明，他做算术题能比他们的一位顾客更快。费曼同意进行这一挑战。

开始时比赛完全一边倒。做加法时，费曼用笔算，算盘推销员把他打得“落花流水”。还不等费曼把数字写完，推销员就已经报出了答案。接着，推销员就趾高气扬起来了。他提出要跟费曼比赛乘法。这一盘费曼依旧败北，但输得没有第一次惨。推销员对自己没有大获全胜不满意，又不断地在越来越难的问题上向费曼挑战，但他的优势却越来越小，人也变得越来越慌张了。最后他祭出了撒手锏，“立方根！”推销员说。

显然，到了这一步，竞赛跟推销算盘已经没多大关系了，更重要的是荣誉之争。很难想象一家餐馆的经理为什么会要计算立方根。但费曼同意了，条件是让兴致盎然地在周围观战的侍应生出题。他们选定了1729.03这个数字。

算盘高手热情洋溢地投入了工作。他伏在算盘上运指如飞，让观战者目不暇接。与此同时，费曼却坐在那里一动也不动。侍应生们问他在干什么，他点了点自己的脑袋说：“思考！”几秒钟之内费曼就写出了答案（12.002）。过了一会儿，算盘推销员得意扬扬地喊出了“12”！几分钟后他又报出了“12.0”！但到这时，费曼的答案上已经又多出了几位数字。那位推销员惨败给了纯粹的思维，在侍应生们的嘲笑中铩羽而去。

这是一个很好的故事。一切好的故事都含有多层意义，费曼与算盘高手对决的这一故事也不例外。从最表面的意义上说，这是一个关

于天才的故事，诺贝尔奖得主击败了机器。然而，费曼在讲述这个有关自己的故事时有着与此大不相同的目的。他不是一个喜欢自夸的人。从他书中讲述的前因后果中可以看出，这个故事要说明的是：对数字有一定感觉、有一定数学知识的普通人也能跟他做得一样好。这些人不必是诺贝尔奖得主，也不必是天才。他的技巧看上去如同魔法，但后面隐藏着两个秘密。首先，他需要知道 1728 是一个完全立方数：$12^3 = 1728$（或许这并不是人人都知道的常识，但大部分学物理的人都会知道，因为 1 立方英尺是 12^3 或者说 1728 立方英寸）。而且他需要知道微积分中一个叫作泰勒公式的著名等式；这是一个非常普适的近似方法，可以让人通过已有的准确等式得到近似式，即从

$$\sqrt[3]{1728} = 12$$

$$\text{得到：} \sqrt[3]{1729.03} \approx 12.002$$

公式是数学与科学的命脉。它们是数学家用来建造自己的艺术殿堂的一砖一石，或者说是他们用来表达他们有关宇宙的想法的密码。这并不是说，公式是数学家使用的唯一工具；语言与图表也很重要。但无论如何，在他们必须应付紧急情况时，例如在必须计算 1729.03 的立方根时，公式就能向他们传达简捷而又准确的信息，这是语言或者算盘永远无法比拟的。

在科学以外的世界中，人们不使用公式这种语言，因此在理解公式的人和不理解公式的人之间横亘着一条宏大的文化鸿沟。本书是在这一鸿沟上架设桥梁的一次尝试。本书的阅读对象是那些愿意理解数学本身的意义、也愿意把数学作为一种艺术来欣赏的读者。毫无疑问，如果我们试图讨论伦勃朗或者凡·高的作品，我们就必须观看他们的油画。既然如此，在说到艾萨克·牛顿或者阿尔伯特·爱因斯坦时，我们难道能够不去展示他们的“画作”吗？尽管语言贫乏而又不那么

准确，但在以下各章中，我还是试图用语言来解释这些公式的意义，以及那些理解它们的人视它们如珍宝的原因。

让我们重新谈起理查德·费曼和算盘推销员吧，因为关于他们还有别的事情要说。非常可能的是，他们都不知道，他们这场竞赛的擂台其实在许多个世纪之前就已经搭起，那正是阿拉伯数字刚刚来到欧洲的时候。

当这一新的数字系统在大约 13 世纪初出现的时候，许多人对它颇有疑虑。他们必须学习九个自己不熟悉的新符号：1，2，3，4，5，6，7，8，9；嗯，其实更准确地说，是与我们熟知的那些符号略有不同的 13 世纪版本。对于某些人来说，这些新符号看上去不像他们习惯的罗马字母（I、V、X 等等）那么好看，那么硬朗，而像是神秘的如尼符号[2]。而让事情雪上加霜的是，它们甚至不是基督教世界的产物，而是阿拉伯的舶来品，这就更让一个笃信宗教的社会感到怀疑了。而且，最后，这些符号中还包括了一个更令人难以把握的新玩意儿，数字零，一个意味着什么都没有的东西。

尽管如此，阿拉伯数字的力量是无可抗拒的。罗马数字在书写数字时很有用，但用于计算却不切实际，而十进位制无论写或算都没有问题。从某种意义上说，阿拉伯数字让数学民主化了。在许多古代社会中，只有经过特殊训练的书吏阶层才能演算算术。但有了十进位制之后，人们再也不需要特殊训练或者特殊工具了，只要动脑子，再加上一支笔就成。

新老数字系统之间的对决经历了漫长的岁月——远远超过两个世纪。而且事实上，在算盘高手（使用机械工具做算术的人）和算学大师（使用新算法的人）之间也曾有过多次公开较量。所以，费曼和算盘推销员之间的对抗重演了一场非常古老的决斗！

我们知道这场斗争的结局。如今，每个人都在使用十进位制数字，小学生们也用这种方法来学习算术的加减乘除。所以，很明显的是，十进位制算法取得了胜利。但费曼的故事告诉我们，背后的原因可能并不像人们想象的那么简单。对于某些问题，使用机械无疑要快些。记得吧，算盘推销员在加法问题上把费曼打得“落花流水”。但与机械装置相比，十进位制启迪人们，让人们对数字有了更为深邃的洞察力。所以，问题越难，算学大师的表现就越好。当科学在文艺复兴时期发展、进步的时候，数学家就需要进行比求取立方根更为深奥的计算。因此，算学大师获胜的原因有二：其一，从高层次来说，十进位制数字与高等数学更为匹配；其二，从低层次上说，十进位制数字让人人都能做算术。

且慢。在开始对自己“优越”的数字系统过分自鸣得意之前，我们还应该注意到，这个故事还给我们上了几堂有关谨慎的课程。首先，有一条对大多数人来说远非明显的信息，就是人们可以用许多不同的方法做数学。特别是在研究数学史时，我们会发现，其他文明的人类使用不同的计数法且有不同的推理方式，而那些方式经常合乎他们的社会的情理。我们不应该认为这些方式“低人一等”。一位算盘推销员照样可以在加法和乘法上击败一位诺贝尔奖得主。

费曼的故事也是一个例子，它说明了不同的数学文化在历史上是如何多次发生冲突的。这种文化冲突时常让双方都获利。例如，阿拉伯人并没有发明阿拉伯数字或者零这个理念，他们是从印度人那里学来的。

最后，我们应该认识到，算学大师的胜利可能只是暂时的。当今之世，我们有了一种叫作计算机的新型计算机器。任何数学教育工作者都能够看到以下迹象：当代的学生正在逐步丢失算学大师为我们留下的遗产——对于数字的感觉。今天的学生们对数字的了解不如过去了。他们依赖于计算机的尽善尽美；万一他们打错了键盘，他们没有能力检查计算机的结果是否正确。现在，我们又一次发现，我们正处于两种观念对抗的年代，而人们还完全不清楚这一战役会以何种结局收场。或许，我们的社会会像古时候一样，认为一般人没有必要了解数字，这种知识可以交由特别的精英人士处理。如果情况果真如此，将有比今天多得多的人发现：对于他们来说，通往科学与高等数学的桥梁将无异于可望而不可即的天梯。

第一部分

古代的定理

在现代世界中，数学是一个高度一致的学科。世界上任何一个国家都会对同样的等式（例如$a^2+b^2=c^2$）得出同样的认识与理解，无论在欧洲、亚洲、非洲或美洲，无不如此。

但过去的情况并非总是如此。回顾数学史，特别是古代世界的数学史，我们可以看到研究与学习数学的各种大不相同的途径和推理方式。在这一时期之内，数学逐步进化，脱离了孕育它的学科——测绘、税收、建筑和天文学——变成了一门独立的科学。在埃及与美索不达米亚，算术和几何只不过是书吏的通才教育的一部分。从现今尚存的纸莎草纸文稿和楔形文字书板中看，数学当时似乎只是作为一套规则讲授的，其中几乎没有任何解释。

但另一方面，在古希腊，死记硬背的计算方法像教车师傅一样操纵着哲学思考这个驾驶新手。从毕达哥拉斯与柏拉图起，希腊哲学家们就对数学有着崇高的评价，他们将其视为纯理性的科学，认为它能穿透实际世界虚幻的表面，洞悉其实质。在欧几里得的《几何原本》中，一切几何理论都是从短短几条（据认为）能够自我证明的事实或称公理推导而来的。现代数学就是从这种推导式的说理方法中诞生的，这种方法甚至影响了人类的其他努力。（让我们回顾美国《独立宣言》开篇中的语句："我们认为这些真理是不言自明的……"该宣言的作者——托马斯·杰斐逊以纯粹欧几里得的方式为一个崭新的社会打下了它将于其上奠基的公理基础。）

在印度，数学（或者说计算）在许多个世纪中从属于天文学，而只在9世纪与10世纪左右才成为独立的学科。但无论如何，有几项重要的发现源于印度，它们当中最重要的当数我们今天使用的十进位制数字系统。在中国，数学（或称数字艺术）的命运在很多个世纪中盈亏圆缺，兴衰交替。在中国唐代（618—907），数学是一门十分受人尊崇的学科，一切学者都必须学习；但另一方面，到了明朝（1368—1644），它却被归入"小学"之列！尽管欧洲数学曾有过难望中国数学项背的过去，但这种态度上的转变或许是中国数学在14世纪之后停滞不前的原因之一，而这一时期正是西方数学开始腾飞的时刻。

最后，伊斯兰世界继承了希腊与印度两大不同的数学传统，并以伊斯兰数学家自己的新发现将之发扬光大，更把这些数学知识传播到了西欧，因此在数学史上占据了独特的地位。奇怪的是，现代数学的决定性转变仅仅发生在西欧……但这是将在后面讨论的课题。

1

我们为什么信赖算术

世界上最简单的公式

1 加 1 等于 2，这或许是所有公式中最基本的一个。简单明了、亘古不变、毋庸置疑……但究竟是谁第一个写下了这一公式？它与其他的算术公式来自何方？我们如何知道它们是正确的？这些问题的答案远非一目了然。

令人惊讶的一点是，古代数学中有关加法讨论的证据不多。人们发现的巴比伦陶土书板和埃及纸莎草文献中充斥着乘法与除法表，但却没有加法表，也没有“1 + 1 = 2”。看上去，加法是太明显的事实，用不着什么解释，而乘法和除法的情况则不同。原因之一或许是在许多文化中使用较为简单的计数系统。例如，在埃及，人们把一个像 324 这样的数字写成三个“一百”的符号、两个“十”的符号和四个“一”的符号。要把两个数字相加，人们就把它们所有的符号放置在一起，必要时把十个“一”换成一个“十”，以此类推。这跟我们现在不时地把零钱放到一起，然后用较大面额的纸币置换较小面额的钱币非常相似。谁也不需要记住 1 + 1 = 2，因为 | 和 | 的和显然就是 || 。

在古代中国，算术计算是在算盘的某种前身——“计算板”上进行的，其中用小棒为个、十、百等数位计数。同样，加法就是直接把

$1+1=2$

对此的一个简单的解释是：在数轴上，2是1右面的下一个数字。然而，自20世纪早期以降，逻辑学家们更愿意通过集合论定义自然数。于是这一公式的大体意思就是：任何两个不相交的只有一个元素的集合的并集是一个有两个元素的集合。

恰当数目的小棒合并到一起，必要时进位到下一栏。没什么需要记忆的。然而乘法表（九九表）就是另一码事了。这是一个重要的工具，因为乘法 $8\times9=72$ 要比把 9 个 8 加起来快。

另外一个观念上极其重要的差别是，没有任何一种古代文化，无论是巴比伦文化、埃及文化、中国文化或者任何其他文化有着与我们今天的现代概念完全一样的“等式”概念。人们用一般的词语写成的完整句子或者一些步骤来表达数学上的想法。因此，认为某种文化“了解”某个等式或者另一种文化不了解这一等式，这种说法不大靠得住。现代形式的等式是在一段一千多年的时期中逐步产生的。在公元 250 年前后，亚历山大港的丢番图[1]开始使用一个字母的缩写（或以数学历史学家的语言说，即“缩略”标记法），来代替经常使用的词如“和”“积”等等。用 x 与 y 这样的字母来代表未知数量的想法很久以后才出现在欧洲，大约时间为 16 世纪后期。而等号这个今天实际上每个等式中都有的成分则直到 1557 年才第一次出场亮相。在罗伯特·雷科德[2]所著《砺智石》一书中，作者雄辩地解释道：“而且，为了避免对‘等于’这个词的乏味重复，我建议，可以像我在工作中经常做的那样，用两条等长的平行孪生短线代替之，其形如 ═；因为这是比任何其他事物都更相等的东西。”（雷科德的原文用古体英语，其中“Gemowe”的意思是“孪生”。注意，雷科德的等号比我们今天用的长得多。）

所以，尽管数学家几千年来都心照不宣地知道 1 + 1 = 2，但直到 16 世纪的某一天为止，这一等式或许并没有写成我们今天的形式。而且直到19世纪之前，数学家们都一直没有探究过我们相信这一等式的原因。

在整个 19 世纪中，数学家开始认识到，他们的前辈过分经常地依赖于一些隐藏的假定，而这些假定并不总是可以很容易地证明为真的（而且有时候是错误的）。打破古代数学坚冰的第一道裂缝出现于 19 世纪初叶，即非欧几何的发现。我们将在本书后面的一章中更详细地讨论这一问题。如果连伟大的欧几里得做出的假定都并非无懈可击，那么数学中还有哪些部分能够令人安之若素呢？

19 世纪晚期，更具哲学倾向的数学家如利奥波德·克罗内克[3]、朱塞佩·皮亚诺[4]、大卫·希尔伯特[5]和伯特兰·罗素[6]等，开始非常认真仔细地检查数学的基础。他们在考虑：哪些东西是我们真正能够确信无疑地知道的。我们是否能够为数学找到一套基本假定，并可以证明它们是自洽的呢？

右页图　打开算术之门的钥匙：杰姆什德·阿尔卡什（1390—1450）的一份阿拉伯文手稿。

德国数学家克罗内克认为，自然数 1，2，3，……是上帝的恩赐。因此不言自明，像等式 1 + 1 = 2 这类算术定律是可靠的。但大部分逻辑学家反对他的观点，他们认为集合这一概念比整数更为基本。“1 + 1 = 2”这一陈述到底意味着什么？从根本上说，这意味着，当含有一个元素的集合与同样含有一个元素的集合合并时，所得到的并集总是含有两个元素。但要让这种说法说得通，我们就需要回答一连串新问题，例如集合的意义是什么、有关集合我们知道些什么、为什么我们会知道这些，等等。

1910 年，数学家阿尔弗雷德·诺斯·怀特海德[7]与哲学家伯特兰·罗素共同发表了一部题为《数学原理》的三卷本巨著。该书篇幅

بسم الله الرحمن الرحيم وبه نستعين

الحمد لله الذى توحد بابداع الاحاد و تفرد بتاليف صنوف الاعداد
والصلوة على خير خلقه محمد الشافع المشفع يوم التناد واله واولاده الهادين
سبيل النجاة والرشاد اما بعد فان احوج خلق الله تعالى الى غفرانه
جمشيد بن مسعود بن محمود الطبيب الكاشى الملقب بغياث احسن الله
احواله يقول لما مارست الاعمال الحسابية والقوانين الهندسية حتى
بلغت الى حقايقها و بالغت فى دقايقها وكشفت غوامضها ومعضلاتها
وحللت مشكلاتها واستنبطت كثيرا من القوانين والضوابط فيها و
استخرجت ما صعب استخراجه على كثير من مباشريها كما استانفت
استخراج جميع جداول الزيج الايلخانى بادق عمل ووضعت الزيج المسمى
بالخاقانى فى تكميل الزيج الايلخانى وجمعت فيه جميع ما استنبطت من
اعمال المنجمين مما لا ياتى فى زيج اخر مع البراهين الهندسية ووضعت
ايضا زيج التسهيلات وجداول اشياء وصنفت رسائل اخرى مثل
الرسالة المسماة بسلم السماء فى حل اشكال وقع للمتقدمين فى الابعاد
والاجرام والرسالة المحيطية فى نسبة القطر الى المحيط ورسالة الوتر والجيب

浩大、立论深奥，很可能是试图重铸算术，将之归为集合理论的一个分支。人们自然不会把这部书拿给一个八岁大的孩子看，以此向他解释 1 + 1 = 2 的缘由。在第一卷洋洋 362 页之后，怀特海德和罗素终于得到了一个命题，他们说："当算术加法得到了定义，随之便可以得出 1 + 1 = 2 的结论。"注意，他们其实还没有解释什么是加法。直到第二卷，他们才有空考虑这一问题。定理"1 + 1 = 2"真正出现在第二卷的 86 页。他们以幽默的笔触在那里轻描淡写地写道："上述命题偶尔会有用处。"

下图　约前2000年—前1600年的一块写有楔形文字手稿的陶土书板叙述了一个代数-几何问题。

本书不拟在此嘲笑怀特海德和罗素，因为在与集合论中出人意料的困难做斗争的人们中，他们属于两位先驱者。例如，罗素发现，对集合的某些操作是不允许的，其中包括不可能定义一个"所有集合的集合"，因为这一概念会导致自相矛盾。这是在数学中从来都不允许的事情：某一陈述永远不会同时正确又同时错误。

但这却导致了另外一个问题。罗素和怀特海德小心地避免了"所有集合的集合"可以导致的自相矛盾，但我们能不能完全肯定，他们的公理就不会把我们引向其他尚未发现的自相矛盾呢？1931 年，这一问题的答案以令人惊讶的方式出现。当时奥地利逻辑学家库尔特·哥德尔[8]发表了一篇题为《试论〈数学原理〉中的形式上不可判定的陈述及相关系统》的论文，直指怀特海德和罗素著作之非。哥德尔证明，永远无法证明任何足以推导算术规则的集合论规则是自洽的。换言之，总有可能在某一天，某人将就 1 + 1 = 3 提出一项完全有理有据的证明。不仅如此，这项可能性永远都会存在；只要我们把我们的算术建立在集合论的基础上，就永远无法绝对保证我们使用的算术是自洽的。

其实，数学家们并没有因为算术有自相矛盾的可能性而寝食难安。一个可能的原因是，大部分数学家强烈地感觉到，数字，以及我们研究的大量其他数学创造物，都代表了超越了人类思维的客观现实。如果是这样，出现能够证明 1 + 1 既等于 2 又等于 3 这类矛盾陈述的可能性就微乎其微。逻辑学家们将之称为“柏拉图主义者”的观点。

“典型的数学家在工作日里是柏拉图主义者，而在星期天是形式主义者。”菲利普·戴维斯[9]和鲁本·赫斯[10]在他们 1981 年出版的《数学经验》一书中这样写道。换言之，当我们必须做出正式陈述时，我们将不得不承认，我们无法断言数学中不存在矛盾；但我们不会因此而中断我们的数学工作。

应该补充的一点可能是，那些不是数学家的科学家在一周的每一天中都是柏拉图主义者。他们从来没有一刻怀疑过 1 + 1 会不等于 2。而且他们这样做或许自有道理。对算术自洽性的最佳辩护是：人类使用算术凡 5000 年，但我们还从来没有发现过任何矛盾之处。对算术的客观性与普适性的最佳辩护是这一事实：与任何其他语言、宗教或信仰系统相比，在穿越文化与时间界限方面算术最为成功。的确，搜寻地外生命的科学家经常假定，我们能够解码的第一份来自地外世界的信息将以数学形式发送，因为数学是最为广泛接受的宇宙通用语言。

我们知道 1 + 1 = 2，这是因为我们可以通过普遍接受的集合论原理证明这一点，或者因为我们是柏拉图主义者。但我们不知道我们知道这一点，因为我们无法证明集合论是自洽的。这或许就是当那个八岁孩子问我们“为什么”的时候我们所能给出的最好答案。

2

抗拒新概念

零的发现

论及数字“零”这一概念的书籍数量真可谓汗牛充栋。这一数字是算术中的后来者，其原因或许是人们很难想象零肘尺[11]或者零头绵羊。甚至在今天，如果拿起一本孩子的数数书，我们或许也无法找到说到零的那一页。

对于零这个数字有两种不同的解释，其中一种远比另一种更为精细。首先，在 2009 或 90210 这类数字中，零是用来表示空置数位的符号，这是零的功能。如果没有零这个数字，我们就无法区分这两个数字与 29 和 921。在一个位值数字系统中，“2”的意义取决于它所在的位置；在 29 这个数中，2 代表两个十；而在 2009 这个数中，2 代表两个千。

当然，像古埃及或古罗马一类不使用位值系统的文化中不存在这个问题，也就不需要对应于空位的符号。人们可以很容易地区分罗马数字 MMIX（2009）和 XXIX（29）。因此，零这个观念没有在这些社会中出现也就不足为奇了。然而，巴比伦人的确使用了一种位值数字系统，但在许多个世纪中，他们也没有想到要用一个记号来表示空数位。表面上看，2009 和 29 之间的含混之处似乎没有造成他们的麻烦，或许这是因为人们通常可以从前后关系中明显地看出究竟应该是哪一个数字。

$1-1=0$

在数轴上，零是1左边的下一个数字。

同样的情况即使在今天也会发生。如果有人告诉你今年是哪一年，你会觉得自己将听到一个类似2009的数字；如果他们说的是自己的年龄，29就更合理一些了。*

只是在大约公元前400年，也就是独立存在的巴比伦行将作古的时候（此时已经是人们开始使用楔形数字系统之后大约1500年了），书吏们确实开始使用两个垂直的楔形（∧∧）来表示一个空数位。这是历史上第一次出现的表示零的符号，但很显然，巴比伦人只是把它作为占据数位的符号，其本身并非数字。

零的第二个更为微妙的概念出现在印度，即把它作为实际存在的实体对待，例如等式 $1-1=0$ 中所隐含的意义。这一概念于公元628年，在婆罗摩笈多[12]所著的一本题为《经过更正的梵天[13]的论述》的书中第一次出现。

* 实际上，巴比伦人使用的是一种六十进位制的数字系统，而不是十进位制数字系统；但这并没有改变会出现模糊现象的这一基本问题。例如，一位巴比伦书吏将无法区分1501（即 $25 \times 60+1$）与90001（即 $25 \times 60^2+1$）。两个数字都会被写成251。

跟许多古代数学家一样，有关婆罗摩笈多生平的资料也甚为稀少。他于公元598年生于印度中北部，曾是乌贾因[14]数学流派（这里所说的流派是一种松散的学者团体）的一员。他生活的时代距笈多王朝终结后不久；该王朝大约存在于公元320年—550年，其间文化欣欣向荣，经常被人认为是印度文化的黄金时代。梵语文学的许多经典著作就是在这一时期写就的，那时的天文学家们也开发了对日月食和行星运行规律非常准确的预测方法。

婆罗摩笈多的著作中的一个清楚的突出特点是他对其对手们的嘲弄态度。这本书的题目《经过更正的梵天的论述》，本身就暗含着对较早问世的一部天文学著作的批判。婆罗摩笈多对他的前辈也多有评论，其方式可举如下一例："通晓阿耶波多[15]、维苏坎德拉等人的著作成就不了大师，哪怕（他们）能把那些著作（倒背如流）也依然如此。但通晓梵天的计算的人可以（跻身）大师之列。"†

尽管婆罗摩笈多或许有些傲慢，但他清楚地理解了零的本质。他这样写道："两个正数的和是正数，两个负数的和是负数；一个正数和一个负数的和是它们的差；如果这个正数与这个负数（绝对值）相等则和为零。"因此，零是通过两个数量相等（绝对值相等）的正数与负数相加得来，例如 1 +（− 1）。这就是现代理念 1 − 1 的意义。婆罗摩笈多还进一步写道，任何数加零都不改变它的符号，0 + 0 = 0，任何数乘以零都得零。然而他不很清楚用零做除数会有什么结果。他曾多次重复："一个负数或正数可以被零整除，则零为其因数。"而且他还错误地认为"零除以零得零"。现代数学家会说，任何用零做除数的除法都无法定义。

值得注意的是，在婆罗摩笈多的著作中，零是与负数一起出现的。的确，想象负数肘尺和负数只绵羊更为困难，或许可以用这一点解释人们对零的抗拒。在婆罗摩笈多之后的许多个世纪中，数学家们还继续避

† 括号内的内容是翻译该书的数学历史学家吉姆·普罗科尔加的。

免在他们的公式中使用负数。例如，求解二次方程与三次方程的过程就是因为数学家们避免使用负数而被弄得过分复杂了。他们理解到需要用几种不同的方法求解，而我们今天已经把这些方法归结为单一的公式。

下图 婆罗摩笈多的数学成就包括他在天文学领域的贡献，例如他观察到地球是球体。

现代数学对于零的重要性的强调通常毫无过分之处。数学家们把它称为单位元素，因为把它加到任何数字上都不会改变那个数字。单位元素对数学的重要性就相当于同义词对文学的重要性。没有谁会质疑我们为什么同时需要“幸福”与“高兴”这两个词。它们能让我们以不同的方式述说本质上相同的事情，但可能却揭示了略为不同的细微之处。零的存在让数学家有了同样的灵活性。根据问题的需要，人们可以把 x 表达为 $x+0$，也可以由此出发将其改写为 $x+1-1$ 或其他多种方式。

数学家在 19 世纪和 20 世纪发现了许多正数和实数之外的有用的代数结构，发现了许多普通的加法和乘法之外的有用的运算方式。例如，计算机使用模运算，密码学家使用椭圆曲线上的乘法运算，量子物理学家在希尔伯特空间内运算矢量加法与乘法。所有这些运算都是“加”与“乘”这两种基本概念的变种，但它们有时跟我们在学校里学习的加法与乘法大相径庭。它们的共同点是，大家都有一个单位元素。因此，婆罗摩笈多对数学的贡献，即他关于数字零的想法至今还有着鲜活的生命力，尽管他可能不容易意识到这一点。

3

斜边的平方

毕达哥拉斯定理

许多学习数学的学生在数学课上碰到的第一个名字就是毕达哥拉斯。毕达哥拉斯定理宣称，在直角三角形（即有一个直角的三角形）中，两条直角边（以 a 与 b 记之）的平方和等于斜边（c）的平方。形如 $a^2 + b^2 = c^2$ 的这一公式为千百年来的代代学生们所牢记。

毕达哥拉斯定理如此著名，以至于它经常在人们喜闻乐见的文化形式中出现。在电影《绿野仙踪》中，魔法师向稻草人颁发了一纸毕业证书之后，后者令人印象深刻地胡诌了一通该定理，口中宣称："一个等腰三角形任何两边的平方根之和等于第三边的平方根。哦，太高兴了，真幸福啊，我可真是绝顶聪明哦！"而在吉尔伯特和苏里万的音乐剧《潘赞斯的海盗》中，少将先生则显示了对数学更高水准的掌握，他唱道："我在数学方面也很在行……我通晓许多关于斜边平方的美妙事实。"

毕达哥拉斯是何许人也，他在以他命名的定理上有何贡献呢？人们发现，答案相当复杂。非常可能的是，毕达哥拉斯既没有发现也没有证明"他的"定理。早就该给这一定理一个更准确的名字了。

毕达哥拉斯大约在公元前 569 年生于遥望爱奥尼亚[16]（现属土耳其）海岸的萨摩斯岛上。根据传说，他花了多年时间在埃及吸收古哲人的知

$$a^2+b^2=c^2$$

字母a与b代表直角三角形的两条直角边，字母c代表斜边。

识；为了同样的目的，或许他也曾在巴比伦王国，甚至也曾在印度多年（如果你成了传奇人物，那就什么都有可能）。回国后他旋即永久移民于意大利城邦克罗托内。他在那里创建了一个人称毕达哥拉斯学派的秘密社团。该社团在一段时间内统治了克罗托内的文化与城市生活。

作为一个个人崇拜的秘密组织，毕达哥拉斯学派的行为不算很乖张。毕达哥拉斯鼓吹节欲、尊长和教育这些方面的美德。当时的社会信仰的神祇都在不断与人通奸，而他却主张一夫一妻制，这种主张必定震惊了社会。他禁止人们食用动物的肉，因为在一头动物中或许便隐藏着朋友或者祖先的灵魂。此外他还禁止人们食用豆类，或许是因为人类的灵魂也可能会移居于这些植物之中。

总而言之，人们或许可以将毕达哥拉斯视为一位相当典型的个人崇拜组织的魅力领袖。但至少对于科学史学家来说，让毕达哥拉斯学派独树一帜的是，人们认为他们扮演了希腊的传统数学和哲学创始人的角色。毕达哥拉斯认为，世界万物都是由数字统治的。

毕达哥拉斯的哲学中包括大量数字命理学，即按照数字推断人的命运的学问，其中有一些在现代人眼中看上去十分可笑。例如，奇

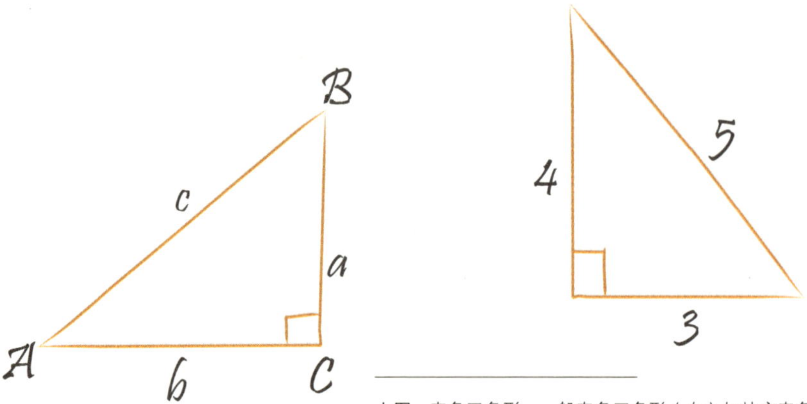

上图　直角三角形：一般直角三角形（左）与特定直角三角形（右）。

数被认为与男性有关，而偶数与女性有关。但毕达哥拉斯学派对数字的迷恋的确让他们得到了一些概念，这些概念至今还与现代数论的一些课题直接相关。例如，他们发现了他们称之为“完全数”的数字，也就是那些等于自己全部真因子之和的数字。最小的两个完全数是 6（6 = 1 + 2 + 3）和 28（28 = 1 + 2 + 4 + 7 + 14）。在笔者落笔时，已知的完全数共有47个，随着计算机发展速度的日益加快，每隔几年就会发现新的完全数。

一个更富成果的概念是质数概念。质数是那些只能被自己本身和 1 整除的数字。最小的几个质数是 2，3，5，7 和 11。不是质数的数叫作合数，例如 6 是两个质数的积：6 = 2 × 3。

没有质数的数论将会是一个相对贫瘠的学科。有了质数，数论的吸引力无穷无尽。然而，质数在整数中间分布的细节至今还是一个不解之谜。古希腊数学家证明了质数的数量是无限的。质数既可以用来求解整数方程，也可以用来证明某些这样的方程无解；我们将在后面讨论费马最后定理的那一章中看到，这一定理只不过是其中一个例子。最后，质数对现代密码学至关重要。现代密码学很大的一部分基于如下理念：对于一个很大的合数，比如一个有几百数位的合数，找到它的质因子十分困难。

人们认为归功于毕达哥拉斯学派的数学发现中包括如下几个：毕

达哥拉斯定理；而且或许更为重要的是该定理的一项证明；音乐中的一项原则，即形成和弦的振动频率有简单整数比，例如形成八音度的振频比率为 2∶1、形成五度和音的振频比率为 3∶2、形成四度和音的振频比率为 4∶3 等；认为行星的运行也是由类似的整数比控制的——根据传说，毕达哥拉斯能够真的听到行星产生的和音，即所谓“星球音乐”；最后还有无理数的存在。

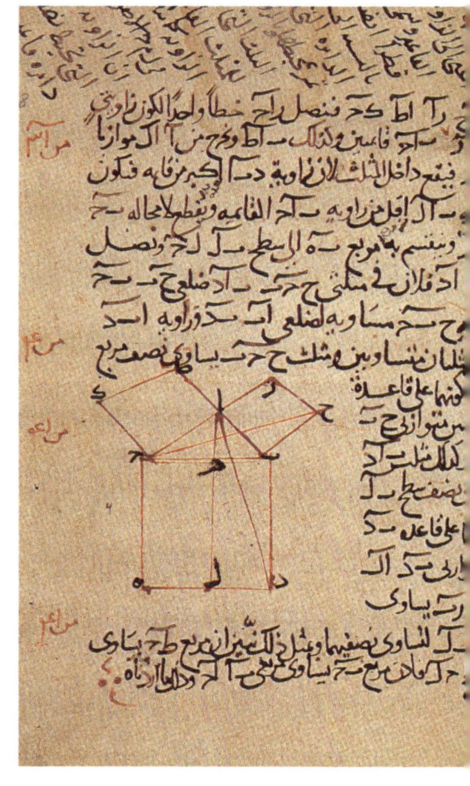

这些说法靠不靠谱呢？

首先，尽管有关毕达哥拉斯的事迹我们能够绝对肯定的很少，但其中一件就是，在上述五大发现中，毕达哥拉斯定理不是毕达哥拉斯发现的。一块人称普里普顿 322 的著名巴比伦书板可以大致断代为公元前 1800 年；这块书板上包括一系列可以构成直角三角形三边的整数如 3 － 4 － 5、5 － 12 － 13 等（只要简单地动手一试，你就会发现 $3^2+4^2=5^2$、$5^2+12^2=13^2$），我们现在称之为毕达哥拉斯三数组。而据说毕达哥拉斯曾在巴比伦学习过，所以我们可以推断，他是在那里得知所谓毕达哥拉斯公式的。

右上图　在一本早期阿拉伯文书籍中描述的毕达哥拉斯定理。

如果毕达哥拉斯实际上发现了毕达哥拉斯定理的一项证明，即他能从基本原理出发证明对于一切直角三角形来说 $a^2+b^2=c^2$ 都成立，那么事情就有趣得多了。巴比伦人和埃及人显然对这种数学推导不感兴趣；在他们至今存世的文稿中擅长的是过程，但解释短缺。（对于巴比伦人来说，所谓解释就是：“看仔细了，这事儿已经干成了，”随之便是“赞美尼沙巴[17]！”）

在毕达哥拉斯之后的两个世纪中，古希腊人确实发展了一个世界数学史上史无前例的丰富的推导数学传统，其登峰造极之作是欧几里得约于公元前 300 年撰写的《几何原本》。《几何原本》第一部中包括了对毕达哥拉斯定理的一项仔细的证明。如果这一证明可以追溯到古希腊数学的发祥之时，这将是一个令人惊讶的奇妙事件。

一俟你接受了或者证明了 $a^2+b^2=c^2$ 这一等式对于一切直角三角形都成立，而不仅仅局限于 3 － 4 － 5、5 － 12 － 13 等易于得到的例子，你就将直接面对一个令人不解的谜团。你可以将正方形沿对角线切为两半，以此得到所有直角三角形中最简单的一种。这种三角形有两条长度相等的直角边，可假定其长度同为 1 单位。然后，根据毕达哥拉斯定理，斜边的长度为 c 单位，并依公式得出 $c^2=2$。

但根据毕达哥拉斯的教义，宇宙万物都应该是由整数统治的。所以这一神秘的长度 c 应该可以表达为整数的比率，不妨令其为 p/q。找到一些“近似值”易如反掌。例如 $7/5$ 只不过小了一丁点儿［因为 $(7/5)^2=49/25=1.96$］，而 $17/12$ 又稍微大了一丁点儿［因为 $(17/12)^2=289/144\approx2.007$］。于是你可以说 c 的长度在 $7/5$ 和 $17/12$ 之间……但无论怎样尝试，你都无法找到这样的一对整数 p 与 q，能使 $(p/q)^2=2$。

或许你会想，我怎么会如此肯定。不妨让我们假定，你能够找到两个整数 p 与 q，其比率 p/q 的平方是 2。因此可以得出 $p^2=2q^2$，所以 p^2 是一个偶数。这就是说 p 是个偶数，因此必有某个整数 x，使 $p=2x$ 成立。因此 $4x^2=(2x)^2=p^2=2q^2$，所以 $q^2=2x^2$。这样一来 q 也是一个偶数，不妨将其表达为 $q=2y$。但随之可得 $p/q=x/y$，这就意味着 x/y 是表达这一比率的更小的一对整数。而且这一过程永远不会终止，我们永远也不会将这一分数简化为它的最简形式！这是荒谬的，所以我们开始的假设 $(p/q)^2=2$ 必定不能成立。人们称这种证明方法为归谬法，或者通过得出矛盾结论而进行的证明方法。我们将在第 5 章中进一步讨论这一方法。

如今我们有其他方法表示斜边 c 的长度。一台标准的 10 位袖珍计算器给出的长度是 1.414213562。但毕达哥拉斯学派并不使用十进位计数制，还要继续历经 1500 年的沧桑，十进位制数字才会来到欧洲！所以他们不可能以这种方式写下答案。而且不管怎么说，1.414213562 仍旧不是 c 的准确长度。这一数字的平方是 1.999999998，不是 2。

第二种绕过这一难题的方法是，把这一长度写为 $c=\sqrt{2}$。学校里教的就是这一方法。这一答案看上去准确得让人心里舒服……但同时看上去却很空泛。这里说的是一个数，它的平方是 2，即 2 的平方根。这里说的连一丁点儿新东西也没有！

无论如何，毕达哥拉斯学派人士缺乏 √ 的概念，而且他们也肯定不会对这样一个自己说明自己的回答感到满意。所以他们实际上完全无法写下一个正方形的对角线的长度。这是一个无理性概念，就是无法诉诸语言的概念。今天我们会说这是一个无理数。（有理数是可以写成两个整数的比率的数，比如 7/5。）如果“无理”这个字眼听上去带点贬义，这可不是什么巧合。对于毕达哥拉斯学派的人士来说，如果一个数无法诉诸语言，它就不应该用语言来表达。据传说，第一个揭示了这一秘密的人被沉入海中溺毙作为惩罚，这人或许是一个名叫希帕索斯的毕达哥拉斯学派人士。

这是一个令人惊叹的故事，但这个故事可能并非真有其事。毕达哥拉斯似乎没有证明 $\sqrt{2}$ 是一个无理数的能力。“归谬”证明法是这一证据的核心，这一方法是在毕达哥拉斯之后两代才有人发明的，发明人为埃利亚的芝诺[18]，是巴门尼德[19]的学生；人们有时把巴门尼德说成是毕达哥拉斯学派的一员，但他实际上并不属于该社团。

当今的史学家们认为，毕达哥拉斯及其学派实际取得的成就没有过去人们想象的那么多。人们并没有多少史料实证说明他们确实取得了这些成果，而对那些不属于这一社团的古希腊数学家的成就则有翔实的史料证据。

例如，同样不属于毕达哥拉斯学派的昔兰尼的西奥多罗斯[20]在大约公元前400年证明，我们今天称之为√3，√5，直至√17的数字都是无理数。他从√3开始，这一事实或许说明，在他的时代，√2的无理性已经为人所普遍接受。

非毕达哥拉斯学派的古希腊数学家在数学上取得的进展有大量史料的证实。按照现代史学家的观点，研究他们的成果要比一味神化毕达哥拉斯学派无法证实的传说更合乎情理。一位现代史学家M. F. 布尼特[21]认为，有关毕达哥拉斯的传说是由柏拉图的传人们有意捏造的，其目的是把柏拉图描绘为某个古代传统的继承人。

右页图　格列格尔·莱希1504年所著的《算术寓言》，图中右为使用算盘的毕达哥拉斯，左为使用阿拉伯数字与数学符号的罗马哲学家波伊提乌。

让毕达哥拉斯走下神坛还有一个重要原因。当科学成果能够公开传播时，科学的进步速度远比它被裹在隐秘的外罩内时迅捷得多。只要数学被蒙在保密的层层烟雾之后，人们就无法区分真正的数学与虚假的数字命理学。一旦数学走出了毕达哥拉斯的迷雾，走向新发现的道路便畅通无阻，于是就有了西奥多罗斯、欧多克索斯[22]、埃拉托色尼[23]、欧几里得、阿基米德[24]等人的新发现。如果我们赞美古希腊的数学，我们就应该把大部分功绩归于毕达哥拉斯的秘密社团崩溃之后的公开探索精神，而不是归于他的秘密社团。

把毕达哥拉斯定理这样一个伟大的普适数学定理归功于某一个人似乎也是一件令人遗憾的事情。几乎每一个古代文化似乎都有独立发现毕达哥拉斯公式的经历。从某种意义上说，任何对数学有兴趣的文明都不可避免地会发现这一定理。如果真像克罗内克说的那样，整数是上帝创造的，或许毕达哥拉斯定理也是上帝创造的。

例如，毕达哥拉斯定理在中国的名字是“勾股定理”，因为按照中国的术语，“勾”（即小腿，leg）是直角三角形较短的直角边，而

TY
PVS A-
RITH=
ME
TICAE·
BOETIVS
RAS
TAGO
PY

“股”（即大腿，thigh）是较长的直角边。（与此对应，西方的术语把这两条边都叫作“腿”，leg。）斜边被称为“弦”，或“琵琶弦”，这或许暗指这一定理的由来：用拉直的绳子测量距离时得到的成果。

勾股定理出现于匿名著作《九章算术》之中，这一开创性著作对中国数学的深远影响可与欧几里得的《几何原本》在西方的影响相比。《九章算术》的著作年代不明，但在3世纪，该书点评家刘徽[25]在他写的序言中十分肯定地认为，该书在中国皇帝秦始皇于公元前213年下令焚尽天下书之前便已经存在。秦始皇死后，人们只能依照记忆重新编写《九章算术》。我们可以很容易地想到，这样一个过程将会有多么不完善。所以，这部著作在代代相传的过程中，初始的文字受到了诸多的改进与评注。

刘徽对《九章算术》的评注是其中最优秀的一个，而且其中包括了许多他自己的材料。刘徽是一位自学成才的数学家，人们或许可以把他看成中国的第一位数学痴才。他研究数学是因为他喜爱它、关心它，而不是因为它会提高他在官场中的地位。在点评中，他找到了多种方法，解释了为什么《九章算术》中的许多陈述是正确的，尤为突出的是，他给出了古希腊方法之外第一份对毕达哥拉斯定理的有记载的证明。

下图　勾股定理。刘徽的证明表示，可以把勾和股上的正方形（ABED与BCGF）切割为更小的图形并在重新安排后构成弦上的正方形ACJH。

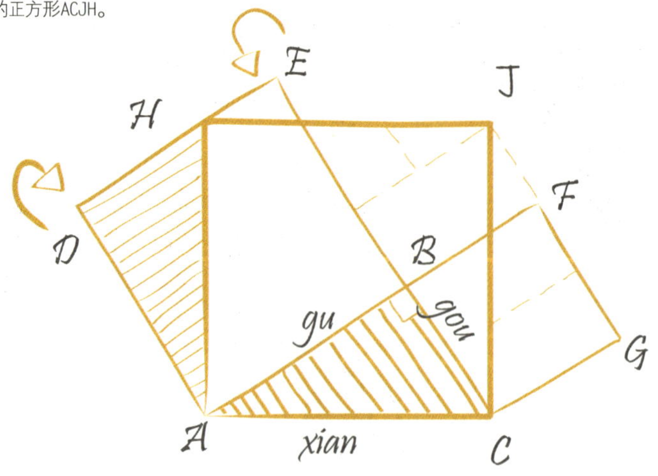

刘徽的证明不禁让人想起了同样古老的中国难题：七巧板（这是一套简单的小木板，可以将其重新安排，组装成许多种不同的奇妙图形）。他的证明从三个正方形开始：以直角三角形的短直角边（勾）a为边的正方形为朱方，以长直角边（股）b为边的正方形为青方。以盈补虚，将朱方与青方并为斜边（弦）方。依照面积关系可得 $a^2+b^2=c^2$，朱方与青方已在弦方中的一部分可不加处理。[26] 这种证明方法叫作“出入相补法”，现在称“割补法”。刘徽和其他中国数学家多次运用了这一方法。这比欧几里得在《几何原本》中的证明要容易理解得多。

从某一方面来说，勾股定理在中国的历史与它在古希腊的对应历史有很大的差别。如我们所看到的，在古希腊，毕达哥拉斯定理导致了 $\sqrt{2}$ 这类无理数的发现。而中国数学家从来没有清楚地阐述过无理数的概念。有些历史学家把中国数学与希腊数学的这两种不同的发展道路归结于前者更大的“实用性”，因而认为，中国人对于抽象推理兴趣不大。然而刘徽并不讨厌抽象推理或者数学的“非实用”方面。一位研究中国数学的史学家带头人约瑟夫·道本[27] 认为，对此的解释基于中国语言本身。中文难以表达违反事实的假设。让我们回想一下，对 $\sqrt{2}$ 无理性的证明就是以一个违反事实的句子开始的：“不妨让我们假定，你能够找到两个整数 p 与 q，其比率 p/q 的平方是 2。”一位古代中国数学家大概根本就无法认为这第一个步骤是有道理的。一项虚假的断言如何能够用来证明一项正确的定理呢？

这类差别又一次提醒我们，并不存在研究数学的唯一正确途径。即使在 20 世纪，一个人称构成主义的数学流派仍然认为，在证明中不应该允许使用归谬法。他们认为对 $\sqrt{2}$ 无理性的上述证明是完全没有说服力的。如同古代中国人一样，他们对于 $\sqrt{2}$ 可以通过计算求出（换言之，存在着一种定义明确的程序来计算任何指定精度的 $\sqrt{2}$ 数值）这一事实更感兴趣。真可谓“江山易改，本性难移”啊。

4

圆的游戏

π 的发现

除了计算直角三角形的斜边之外，另外两个几何难题似乎也不可避免地出现于任何计算文明之中：计算圆的周长与面积。在当代理念中，两个密切联系的公式给出了问题的答案：$C=2\pi r$、$A=\pi r^2$。这里 A 代表半径为 r 的圆的面积，而 π（读作“pài”）就是数学中最为著名的常数，其值为 3.1415926535……

现代公式往往模糊了有关 π 的第一个奇妙事实：事实上，出现在这两个公式之中的是同一个常数。这种模糊是因为公式过分明显而造成的。为了理解古代数学家必须解决的问题，我们应该想象存在着一个数字“圆周 -π”，其定义为圆的周长与其直径之比；以及另一个数字“面积 -π”，其定义为圆的面积与其半径平方之比。在想象中，我们并不知道这两个数字是否相等。

毫不奇怪的是，认为这两个问题之间有联系的第一个完全清晰的陈述出自古希腊数学。公元前 3 世纪，阿基米德在他题为《圆的测量》的手稿中写道：

命题 1. 任何圆的面积等于一个直角三角形的面积，该直角三角形的一条直角边等于圆的半径，另一条直角边等于圆的周长。

让我们在想象中把这个圆切割成许多楔形，每一个都与三角形毫

$\pi=3.1415926535...$

无理数π实际上有两种不同含义。首先，它是任意圆的面积A及其半径r的平方之比，即$\pi={}^{A}/_{r^2}$。其次，它是任意圆的周长c及其直径d之比，即$\pi={}^{c}/_{d}$。这两种陈述可任取其一作为π的定义，另一陈述则成为一个定理。

无二致，于是它的面积就是底与高之积的一半（可参见下页插图）。每一个楔形的高都是圆的半径，而所有这些底之和就约等于圆的周长。于是所有这些楔形的面积就约等于半径与周长的乘积的一半，也就约等于圆的面积。阿基米德的论点的困难之处就是如何把近似的等式变为准确的等式。一旦完成了这一工作，证明“周长 -π”与“面积 -π”是同一个数字就不算困难了。

阿基米德的命题 1 一直在他的命题 3 面前黯然失色。他在命题 3 中证明了 π 的值在 $3\,{}^{1}/_{7}$ 与 $3\,{}^{10}/_{71}$ 之间。但实际上正是命题 1 让 π 的概念怀胎成形。没有这一命题，我们就要面对两个不同的难题：如何计算圆的面积，以及如何计算圆的周长。有了这一命题，我们就能够将两大难题合二为一：如何计算数值 π 的近似值。命题 3 只不过是这一大课题中的一件独具匠心的杰作而已。

与毕达哥拉斯定理的情况一样，就算中国古代数学家落后于他们的希腊同行，其中差距也不大。成书可能早于阿基米德的年代的《九章算术》就已经提到了如下问题：“设有一圆形土地，其周长为 181 步，其直径为 $60\,{}^{1}/_{3}$ 步。试求其面积……解法：取周长之半乘以半径，即得圆之面积，以（平方）步记之。”以上第三句（“解法”）与阿基米

上图　用切割圆为楔形的方法证明命题1。

德的命题 1 如出一辙。有趣的是，从引文第一句可以看出，该书的匿名作者认为 $\pi=3$，这是一个非常原始的近似值。

但 3 世纪的《九章算术》点评人刘徽有其他的想法。首先他指出，书中说正六边形的周长直径之比为 3，但人们肉眼即可看出，圆的周长大于正六边形的周长。因此基于 $\pi=3$ 的古老方法不会是正确的。“圆与正多边形之间的差别正如弓与弦之间的差别，这两者永远不会重合，”刘徽这样写道，“然而这样一个惯例却代代相传，谁也没有花心思加以检查。”

刘徽把 π 称为“圆周率”。为了对它进行更为准确的计算，刘徽把正六边形的每一个边从中点向外扩展至外接圆，画出了一个 12 条边的正多边形并计算了它的周长。随后他重复这一过程，又得到了正 24 边形、正 48 边形和正 96 边形的周长。他也对圆的外切正 12 边形、外切正 24 边形等进行了同样的处理。通过这种方法他证明了：

$$314\frac{64}{125}<100\pi<314\frac{169}{125} \text{ 或 } 3.1408<\pi<3.1420$$

这一结果与阿基米德的估算值吻合得非常好：

$$3\frac{10}{71}<\pi<3\frac{1}{7} \text{ 或 } 3.1407<\pi<3.1428$$

阿基米德完全用同样的方法得出了他的估算值：从正六边形开始，然后逐一加倍边数，直到正 96 边形！这样两个伟大的天才，尽管他们天各一方、时隔数百年，但却有完全相同的想法，这是多么令人吃惊

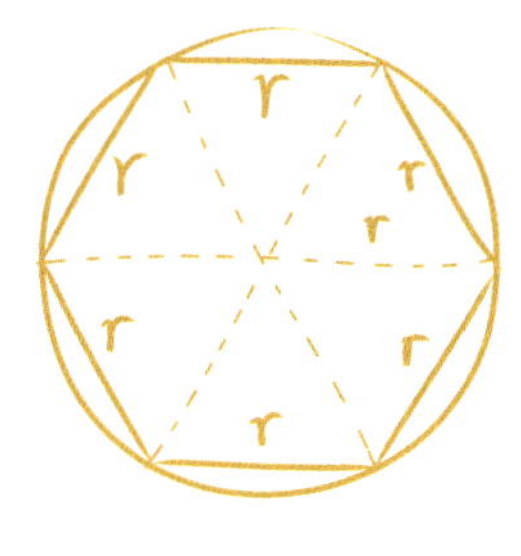

上图　刘徽对其“圆周率”的证明。

的事实啊！他们的答案存在着细微的差别，其唯一原因是刘徽在计算过程中进行了更为仔细的近似处理。（在第一步骤之后，周长涉及平方根，必须用有理数对此进行近似处理。）

但刘徽并没有像阿基米德一样就此止步！他补充道：这一过程可以一直继续进行到正 3072 边形。他略去了计算过程，但为我们写下了结果：

$$\pi \approx \frac{3927}{1250} \text{ 或 } \pi \approx 3.1416$$

他得到了 π 的四位准确数字！或许是刘徽，在人类历史上第一个发现了我们现在使用的 π 的标准近似值。

有趣的是，刘徽以这种精确度算出了 π 值，但他在对《九章算术》其他问题的所有注释中用的都是较为简单的圆周率近似值：$\pi \approx 3.14$。这种不一致现象指出了刘徽本人心理上一个非常有趣的特点。他一定已经意识到，对于任何实用性问题，更为准确的近似值并没有什么可以想象得到的益处。除非你有一台激光干涉仪（这东西当时不存在），否则你测量土地直径的精度无法达到四位小数，因此使用如此精度的圆周率毫无意义。

但无论如何，他还是算到了四位小数！他并不需要这样做，他只不过是要满足自己的好奇心。他只不过是千百年来许多数学痴才（或许可以更特别地说成 π 痴才）中的第一个，他们几乎把对 π 的计算推动到了深不可测的地步。在计算机时代开始之前，威廉姆·尚克斯[28]计算了 π 的 707 位数值；虽说他在计算第 527 位时犯了个悲剧性的错误，结果后面的数位就全错了。现在，随着计算机的来临，π 的位数的最高纪录已经突破了 1 万亿位大关。

要把神秘莫测的 π 研究到这种深度，人们需要的远不止阿基米德与刘徽所使用的那种相对笨拙的几何方法。大约在 1500 年，喀拉拉[29]学派的一位佚名印度数学家（可能是尼拉坎塔·索马亚基[30]或者他的前辈玛达瓦[31]）发现了如下优美公式：

$$\frac{\pi}{4}=1-\frac{1}{3}+\frac{1}{5}-\frac{1}{7}+\frac{1}{9}-\dots$$

现在人们以其最早的欧洲发现者命名，称之为格里高利[32]- 莱布尼茨公式。寻求这类用简单分数的无穷加和计算 π 的方法在艾萨克·牛顿[33]和戈特弗里德·威廉·莱布尼茨[34]于 17 世纪末发明了微积分之后变得容易多了。我个人特别喜欢的一个令人惊叹的公式如下，是由莱昂哈德·欧拉[35]在 1734 年证明的：

$$\frac{\pi^2}{6}=1+\frac{1}{2^2}+\frac{1}{3^2}+\frac{1}{4^2}+\dots$$

用符号 π 表示“圆周率”的方法也是大约这个时候（1706）由威廉姆·琼斯[36]首倡，由欧拉推广的。

我们不妨花点时间仔细思索一下这些公式的优美。这些公式说明 π 并不仅仅是一个几何概念。三条浩瀚的数学支流在这些公式中汇聚：几何（数字 π）、算术（奇数序列与平方序列 1^2，2^2，3^2，……）以及无穷分析（此例中的无穷加和）。看到这样的公式，阿基米德会目瞪口呆、刘徽会无语凝眸。他们会立即冲进书店，买下一本微积分教程来学习这一精彩绝伦的新艺术。

非但如此，数字 π 中还隐藏着更深层次的内容。它是一个无理数——尽管古代数学家们与这一事实失之交臂，但他们一定曾对此有所揣测。约翰·兰伯特[37]在 1761 年证明了 π 的无理性。一个世纪之后，费迪南德·

上图　在柏林工业大学数学系大楼外地面上镶嵌的π字图形。

林德曼[38]在1882年证明了有关π的另一个更为微妙的事实：它是一个超越数，一种加强版的无理数。‡林德曼定理解决了古希腊人提出的下列古代化圆为方问题：是否可能仅仅通过简单的几何操作画出一个正方形，使其面积恰等于一个已知圆？如果这一问题的答案是肯定的，即有方法化圆为方，他们就会更容易地理解π。但遗憾的是，答案是否定的。超越比无法通过尺规作图法画出。

即使在今天，π还有许多不为我们所知的事实，大概还会有等待着我们探索的发现。直至1995年，三位数学家——大卫·贝里[39]、彼得·波温[40]和西蒙·普劳夫[41]还发现了一个有关π的全新公式，它或许有资格跟莱布尼茨和欧拉的公式一样，在同一座数学高峰上青史留名。这是第一个能够自我修正的π的公式，就是说，如果你在计算第527位时犯了错误，你后面的计算依然有效。然而使用这一公式有一个限制条件，就是你必须像计算机所做的那样，把π写成十六进制数字，只有这样，这一自我修正功能才会发挥作用。这一公式对普通的十进位制计数不起作用。§所以，如果上帝创造了整数，而且他也创造了π，那或许上帝其实是一台计算机。

‡　无法以任何系数为有理数的多项式方程的解的形式表达一个超越数。例如，$\sqrt{2}$不是一个超越数，因为它是方程$x^2 = 2$的解。

§　在十六进制中，π = 3.243F6A8885A308D3……字母“A”至“F”代表数字10至15，它们在以16为基数的进位制中是单数位。

5 从芝诺悖论谈起

无穷的概念

位于今日意大利的萨勒莫省的埃里亚市是两位著名哲学家的故乡，他们的生命跨越了毕达哥拉斯和苏格拉底的年代。这两位哲学家中年纪较长的一位是巴门尼德，他的出名之处在于他相信，世间万物是不动的"一"，而我们所感知到的世界与实际世界并不相同。这一观点深远地影响了柏拉图的哲学。

令巴门尼德的学生芝诺成名的信念无过于一种亚里士多德称之为诡辩术的辩论方式。使用这种辩论方法时，你攻击你的对手的论点，而不是为你自己的论点辩护。辩论中芝诺会先以他对手的论点为前提，然后试图用逻辑方法证明这一前提会导致荒谬的结果。他的观点通常被人称为"悖论"，因为这些观点似乎不符合人们通常的观念。例如，假设你认为从 A 点去 B 点是可能的。芝诺会与你辩论，说在到达 B 点之前你必须先完成这段路程的一半，在能完成半程之前你必须完成半程的半程，即全程的四分之一，以此类推。换言之，在你开始在 A 与 B 之间进行最小的一部分旅途之前，你都必须完成数目无穷的运动！芝诺说：很显然这是荒谬的；因此，你不可能从 A 去 B。

第二个悖论被称为阿喀琉斯[42]与龟。芝诺说：如果你相信运动，那你就一定相信，神速的阿喀琉斯能够追上前面的一只速度极慢的乌龟。但

$1+1/2+1/4+1/8+...=2$

此处（…）的意思是：这一和式将无限继续，而不会在有限步骤之内停止。更正式地说，如果这一和式的项数足够多，则其和与2之间的差可以达到你要求的任意精度。

他争辩道：如果阿喀琉斯跑到了现在乌龟所在的地方，这段时间里乌龟就会又向前走了几步。如果阿喀琉斯又跑到了那个地方，乌龟就又会再往前挪一挪……以此类推。同样的，阿喀琉斯必须在有限的时间之内完成数目无穷的任务，而这显然是荒谬的——至少在芝诺的眼睛里面如此。

对当代数学家来说，芝诺的悖论没什么害处。实际上，它们相当深刻地描述了连续运动究竟是怎么回事。不妨让我们假定，阿喀琉斯的速度是乌龟的两倍，而开始时乌龟在阿喀琉斯前面一码的地方。1 秒钟后阿喀琉斯走过了 1 码，乌龟走过了 ½ 码（这只乌龟可真快！）。（1 + ½）秒之后，阿喀琉斯走过了（1 + ½）码，乌龟走过了（½ + ¼）码。这样的步骤进行了 n 次之后，阿喀琉斯和乌龟会在哪里？这会是在多长时间之后？对所有这些步骤加和之后可知，过去的时间刚刚比 2 秒钟少一点点。实际上我们可以用以下算式表示：

$(1+\frac{1}{2}+\frac{1}{4}+...+\frac{1}{2^n})$ 秒，或可更简单地表示为 $(2-\frac{1}{2^n})$ 秒

阿喀琉斯走过的路程刚好小于 2 码，准确地说是 $(2-\frac{1}{2^n})$ 码

乌龟走过的路程只有以上路程的二分之一，即 $(1-\frac{1}{2^{n+1}})$ 码。

但乌龟在开始时就领先了 1 码，我们把这 1 码添到它走过的路程上，于是它的位置就在阿喀琉斯起点处前面 $(2-\frac{1}{2^{n+1}})$ 码。因为 $\frac{1}{2^{n+1}}<\frac{1}{2^{n}}$，所以乌龟走过的路程比阿喀琉斯走过的路程更接近 2 码。因此，如果芝诺断言，在 $(2-\frac{1}{2^{n}})$ 秒之后阿喀琉斯仍旧落后于乌龟，他是对的。

于是我们就知道了阿喀琉斯和乌龟在两秒钟前一丁点儿时间时各自在哪里，还有他们在那之后一丁点儿一丁点儿时间在哪里，以及他们在此之后一丁点儿一丁点儿一丁点儿时间又在哪里……但却没有任何人——哪怕是芝诺也罢——能让时间静止。秒表终究会达到 2 秒。那时候的阿喀琉斯和乌龟又会在哪里？回答是，他们会在他们越来越接近的那个地点：距离阿喀琉斯的出发点 2 码的地方。现代数学家把这种情况称为当 n 逼近无穷时，对数值“取极限”。这时 $1/2^{n}$ 与 $1/2^{n+1}$ 都逼近了零，因此不出现在极限中。2 秒钟时阿喀琉斯走过了 2 码，乌龟走过了 1 码；阿喀琉斯追上了乌龟。

芝诺在什么地方搞错了呢？首先，他开始把这一问题数学化了，但他的数学方法并不完整：有一项重要信息他没有包括进去，就是在此过程中流逝的时间。其次，而且更重要的是，他和其他古代希腊人都还对无穷大这一概念很没有把握，这让他们无法取极限。就是说，他们无法从有限加和：

$$1+\frac{1}{2}+\frac{1}{4}+\ldots+\frac{1}{2^{n}}=2-\frac{1}{2^{n}}$$

发展到无限加和：

$$1+\frac{1}{2}+\frac{1}{4}+\ldots=2$$

但他们还是很下功夫的！而且他们差点儿就成功了！如果你读了阿基米德在芝诺之后两个世纪写的《抛物线图形求积法》，你就会明白，成功就在他们眼前，几乎触手可及。

这份文件是阿基米德为他们共同的朋友，一个名叫科浓的人的去世而写给与他同为数学家的多西修斯的一封信。阿基米德在这封信中写道：“当我不但为失去一个朋友，而且为失去一个值得赞美的数学家而悲痛之际，我为自己制定了与你交流这一任务，因为我本来是打算为科浓寄去一项几何定理的；这项定理过去一直无人问津，而现在刚刚由我进行了研究。我最先是通过力学发现这一定理的，后来又通过几何学给出了证据。较早时候确曾有一些几何学家试图证明有可能找到面积等于已知圆面积的正方形……但我不知道，在我之前是否有任何人试图找到一个正方形，使其面积等于由一条直线和直角圆锥的一个截面（即一个抛物线）围成的弓形的面积。”下面他继续说道，他已经证明了，任何这样一个区域的面积等于一个内接三角形面积的 4/3 倍，该三角形的高等于抛物线区域的高。

右下图　芝诺（约前334—约前262）。这一雕版作品最早出现在托马斯・斯坦利著《哲学史》中，该书1656年出版于伦敦。

诸如这样的引文让我们得以洞悉阿基米德的特质——他是又一位数学痴才。为安慰科浓的朋友，他能够找到的最佳方式是给他寄去一份新的数学定理的证明！同时请注意他提到的化圆为方问题——这是阿基米德曾经涉猎过的课题。阿基米德无法化圆为方，但他却能化另外一个曲线形为“方”（其实是直线形），虽说这远远说不上一项显著的成果。而最后，请注意，他在通过力学“发现”定理和通过几何学给出证据（或者说证明）之间划出了令人新奇的界限。

结果证明，阿基米德使用了最初用于估算圆面积的方法来对付抛物线，但这次的效果要好得多，而且他也不需要进行任何近似估算：

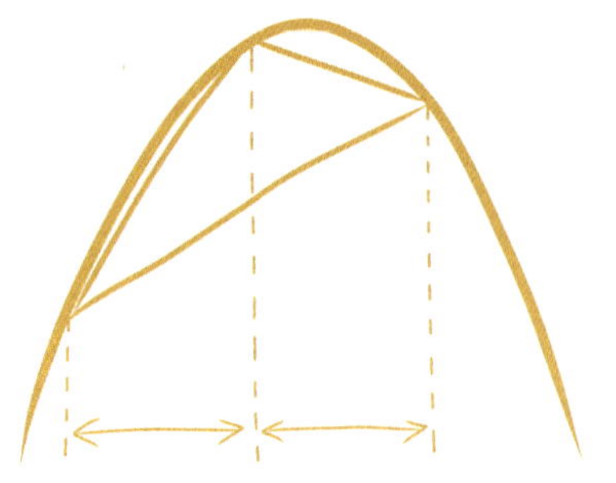

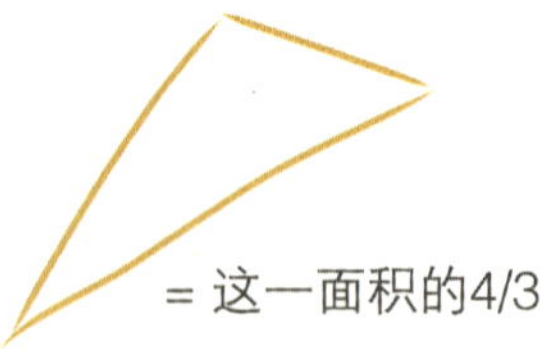

上图　抛物线弓形的面积等于三角形面积的 4/3 。

阿基米德说，抛物线围成的面积正好等于内接三角形的 4/3 倍。为证明这一点，他把三角形 T 的两条边向外凸出，构成了一个更为接近抛物线的四条边。然后他又把这四条边向外推，构成了一个八边形，余类推。他证明，在每一个步骤中，他在原有多边形上加入的面积都是前一步骤中加入面积的四分之一。因此，如果我们令第一个三角形的面积为 1，则四边形的面积即为 1 + 1/4，八边形的面积为 1 + 1/4 + 1/16。继续这一过程，在 n 步之后，他便得到了一个抛物线形的极好近似，其整个面积为：

$$1+\frac{1}{4}+\frac{1}{4^2}+\ldots+\frac{1}{4^n}$$

这与我们分析芝诺悖论时见到的和式极为相像，唯一的差别是，这里用的是 4 的乘方而不是 2 的乘方。下一步，阿基米德证明，这一有限和式加上最后一项的 1/3 后恒等于 4/3：

$$1+\frac{1}{4}+\frac{1}{4^2}+\ldots+\frac{1}{4^n}+\frac{1}{3}\left(\frac{1}{4^n}\right)=\frac{4}{3}$$

我们大概还记得，古希腊人对数值证明不很有把握，因此阿基米德必须用下述几何方法对此加以证明。假设图中 L 形区域 A 的面积为 1，则图中包括 A 的大正方形面积即为 4/3，因为这一大正方形由四个相等的部分组成，区域 A 中仅含其中之三。人们可以在图形的右下角逐步加上 L 形区域的收缩序列并最后填以一个剩余的小正

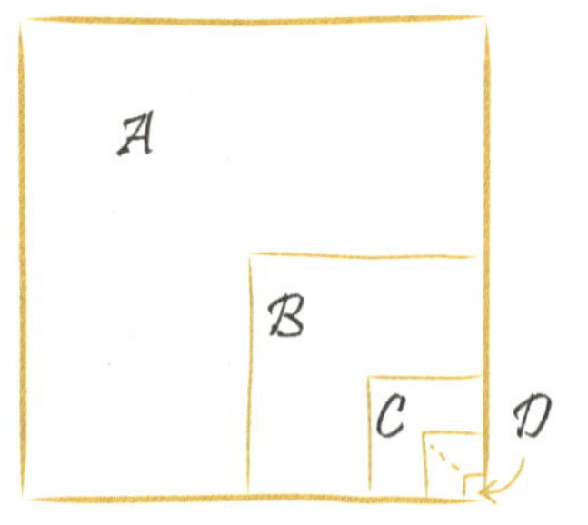

左图　大正方形的面积是区域A的面积的 4/3。

方形（即区域 D）逐步填充（或称“穷尽”）整个大正方形。所有区域的总面积即为以上方程的左端，因此方程左右两端相等。

这是多么奇妙的一个证明啊！但请注意，阿基米德在完成了第 n 步之后停了下来；他没有让这一过程“直至无穷”。一个现代数学家会毫无疑惧地采取这一步骤。正如一系列 L 形图形会“穷尽”正方形一样，一系列三角形会“穷尽”抛物线形。当 n 逼近无穷时取极限，我们就可以得到结论：抛物线形的面积等于正方形的面积，即我们已经证明了的 4/3。换言之，我们会使用无穷和式：

$$1+\frac{1}{4}+\frac{1}{4^2}+\ldots=\frac{4}{3}$$

为纪念这一和式的几何来源，人们将该和式命名为几何级数，这是十分适宜的。几何级数的各项按某一常数比逐项递减。在芝诺悖论的例子中这一常数为 1/2；在阿基米德的例子中这一常数是 1/4。或许你已经猜到了，这一级数的一般规则是：

$$1+\frac{1}{r}+\frac{1}{r^2}+\ldots=\frac{r}{r-1}$$

遗憾的是，阿基米德时代的数学不会允许他走完这最后一步。这让他不得不求助于巧妙的归谬法辩论。正如芝诺会做的那样，他与一个想象中的对手争论。你认为抛物线形的面积不等于 4/3 吗？好吧，那你就必须告诉他，它的面积是大于还是小于 4/3。如果你认为大于 4/3，阿基米德就会用他的剖分法证明你高估了这一面积。如果你认为小于 4/3，他就会证明你低估了这一面积。无论你怎么说都没道理，因此你必须承认这一面积等于 4/3。

事后回顾，我们能够看到，在经过漫长的道路之后，阿基米德正走向对无穷过程的理解*。他正在运用无穷大这一武器来发现新的真理，这是一次大跃进，这次跃进让古希腊数学家走到了掌握无穷大概念的边缘。

* 实际上，在这一征途上阿基米德远非孤军作战。尼多斯的欧多克索斯（前 408—前 355）成功地发明了“穷尽法”，而阿基米德在此对之进行了如此卓有成效的应用。

6
杠杆作用的重要性
杠杆原理

叙拉古[43]的阿基米德生于公元前 287 年，卒于前 212 年。在他的年代里，他的名声更多的源于其物理发现和机械发明，而不是他的数学，但他肯定认为自己是一位数学家。他最引以为傲的成果是他证明了球体体积是它的外接圆柱体体积的三分之二，或可以等价地将此公式表达为 $V=(4/3)\pi r^3$。他甚至要求人们在他的墓碑上刻以球体和它的外接圆柱体的图像。

阿基米德的工作代表了应用数学与几何还有孕育中的无穷大概念的完美统一。然而，今天的大部分人或许已经把阿基米德与他赤身裸体冲上大街高呼“我找到它了！”的故事联系在一起了。这个故事说的是，阿基米德的朋友和赞助人希伦国王想知道他的一顶金冠是不是纯金制成的。据说，当阿基米德坐在澡盆里时，他突然灵机一动想到了答案。如果王冠是由一种便宜些的合金打造的，它的密度就会低于纯金。如果把王冠放进一个盛着水的容器里，赝品王冠排出的水就会多于与它同样重量的纯金物件所排出的水。

这一类传说经常是真实事件经过编撰的版本。这样的一个例子是传说中希帕索斯被毕达哥拉斯学派人士溺毙，还有一个例子我们将在

$$d_1 w_1 = d_2 w_2$$

在杠杆上，距离支点d_1的重物（重量为w_1）将与距离支点d_2的重物（重量为w_2）平衡。

说到艾萨克·牛顿如何发现万有引力定律时谈到。实际上阿基米德写过一本题为《论浮体》的书，他在其中写下了我们现在称为阿基米德原理的公式：物体（无论漂浮或完全沉在水中）排开水的重量等于水对该物体的浮力。

根据阿基米德原理即可推导计算浸在水中物体的浮力的公式。令$\rho_{物}$为物体的密度，$\rho_{流}$为流体的密度（如流体为水，即可方便地假定为1），$w_{干}$为物体入水前的重量，$w_{浸}$为物体完全浸在水中时的表观重量，我们即可得到：

$$\rho_{物} / \rho_{流} = w_{干} / (w_{干} - w_{浸})$$

这一公式让人们得以直接计算王冠的密度（或称“比重”），也就不必把它与同等重量的金冠比较。这一发现肯定绝非一蹴而就，而是阿基米德经过一段时间的研究才得以成就的。而且我们可以相当有把握地说，他是在希伦国王找到他之前就知道这一公式的。这一传说的所有其他部分，像什么赤身裸体跑上大街之类，都是在添油加醋。

直到今天，人们都还在时常使用阿基米德原理与比重公式。《论浮体》一书中还包含了不同形状的物体与它们的稳定漂浮形状的大量信息。这是让造船工程一改反复尝试的做法而通往科学的第一步。

阿基米德也进行了杠杆和滑轮方面的实验。这里也有一个传说。据说希伦王曾对阿基米德发明的奇妙装置的威力发表过评论，而阿基米德答道："给我一个支点，我将撬起整个地球。"阿基米德了解杠杆定律，即 $d_1w_1 = d_2w_2$，这一公式表述了当两个物体在一根杠杆上平衡，且其距支点的距离（力臂）分别为 d_1 与 d_2 时，它们的重量（w_1 与 w_2）与力臂之间的关系。根据这一公式，一个较轻的物体可以与一个较重的物体保持平衡，只要它距离支点的距离较远。例如，一个 150 磅重的人可以让一个 15000 磅重的保险柜离开地面，如果他站在杠杆的一端，把保险柜放在另一端，而且让支点距离他的长度至少十倍于支点距离保险柜的长度。

阿基米德不仅经常在实际装置上使用杠杆原理，他也同样将之用于数学研究。像我们前面讨论过的那样，

下图　"给我一个支点，我将撬起整个地球。"——这幅木刻作品表现的是阿基米德正将其名言付诸行动。见《力学奇迹》（伦敦，1824）封面图。

他首先“通过力学”发现了抛物线形的面积，而只是在后来才“通过几何方法”证明了他的方法。那种用三角形填满抛物线弓形的论证实际上是他对这一定理的第二份证明。他最初的证明用的是另一种同样巧妙的方法，他用这种方法切割抛物线弓形，并用面积（或重量）已知的长方形在杠杆的另一面平衡这些抛物线弓形的片段。这其实是他更喜爱的一种方法。然而，阿基米德似乎觉得杠杆原理太不正式，或者他可能觉得它的经验性太强，人们可能难以接受它为纯数学。就这样，在通过杠杆“发现”了一个定理之后，他感觉自己有必要用一种欧几里得会认可的方式来确认。

阿基米德幸运的地方是，他生命的大部分时间都在希伦王和平而且成功地执政的 54 年之内度过。然而不幸的是，当在他的生命接近终点的时候，这一和平时期终结了。希伦王的儿子激怒了成长中的罗马帝国，结果在罗马人和叙拉古人之间爆发了一场强弱悬殊的战争。

阿基米德设计的作战装置与起重机具有前所未有的精确度，因此他几乎只手擎天，挡住了罗马军队的入侵。据希腊历史学家普鲁塔克考证，罗马士兵害怕阿基米德的战争装置达到了如此程度，以至于“他们只不过看到从墙头上伸出的一条绳子或者一块木头就会仓皇逃窜，大呼小叫地说什么这是阿基米德发明的一种毁灭他们的新机器”。

万般无奈之下，罗马将军马西罗斯最后只好出动重兵，四面围困了叙拉古。时经两年，罗马军队最后攻占了叙拉古。马西罗斯下令保全阿基米德的性命；但据传说，一名罗马士兵偶遇阿基米德，当时后者正跪坐在一幅数学图表面前。“你别弄坏了我的圆。”阿基米德对这位罗马士兵说。这位素不认识的人竟然如此无礼，罗马士兵为此大发雷霆；他手起剑落，结束了阿基米德的生命。

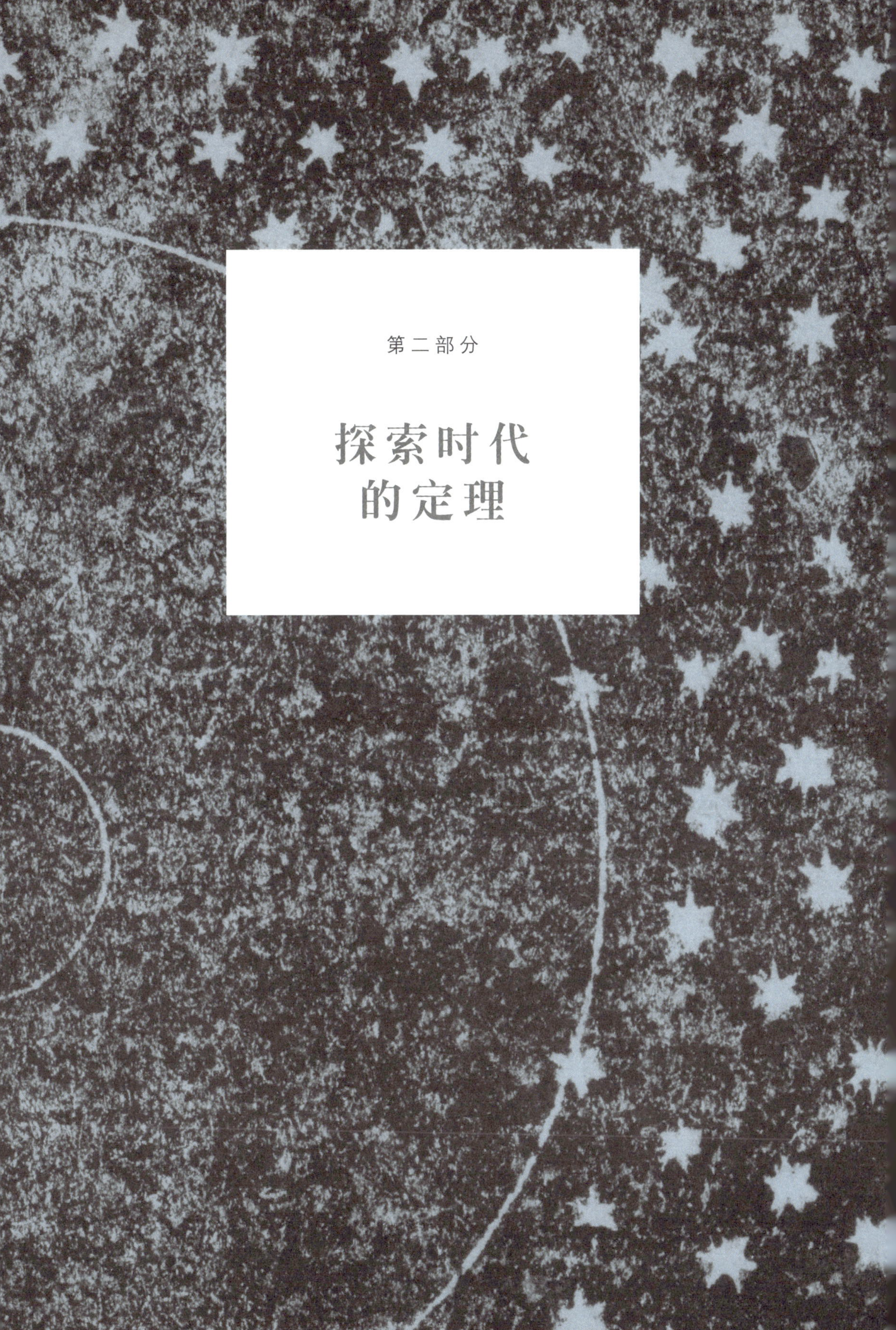

第二部分

探索时代的定理

1548年8月10日，意大利城市米兰的圣玛利亚大教堂内人头攒动，挤满了好奇的旁观者。他们赶来见证的并非教堂的宗教活动，而是一场"血"溅二十步的决斗，但决斗者使用的武器不是刀剑火器，而是数学，是智力。决斗的一方是来自威尼斯的尼克罗·塔尔达利亚[1]，他的对手是洛多维科·费拉里[2]。后者出身农夫，后来成为吉罗拉莫·卡尔达诺[3]的仆人。吉罗拉莫·卡尔达诺是米兰最著名的公民之一，他是内科医生、赌博高手以及多种智力活动的翘楚。令人好奇的是，卡尔达诺本人根本就没露面。三年前他公布了一项数学公式，但那是塔尔达利亚告诉他的，并让他绝对保密，此事当时闹得沸沸扬扬。然而，这一天他找了一个十分方便的借口躲出米兰，让他的仆人——这位仆人很可能在数学方面比他更为高明——为维护他的声誉出马应战。这两位决斗者看上去肯定更适于在窄巷子里好勇斗狠，而不是进行这种思想的交锋。1512年，当法国军队劫掠塔尔达利亚的家乡布雷西亚时，年方12岁的他下巴上挨了法国骑兵一马刀。尽管他在成年后把伤疤藏在蓄起的络腮胡子下面，但这次受伤为他留下了终生的口吃，因此得到了塔尔达利亚（即口吃者）的绰号。费拉里年少时家境贫寒，这也给他留下了伤痕：他的右手缺了几根手指。

我们永远也不会知道那天在教堂里面究竟发生了什么。原计划的思想交锋显然变成了一次音量高低的较量。但根据间接的证据，我们觉得是费拉里获得了胜利。米兰市的地方长官当时也是观众之一，费拉里的天才给他留下了如此深刻的印象，以至于他雇用费拉里为估税员。因为这次论战，塔尔达利亚甚至连一文钱的工资都没挣到，就失去了他刚刚在布雷西亚得到的一份教职。作为卡尔达诺的死对头，他在九年后去世。卡尔达诺是这一系列事件的始作俑者，但他回归米兰时荣誉并未受损，依旧享受着自己作为多才多艺的文艺复兴人的生活。在教堂中的这一战是数学史上最惨痛与离奇的争论的最后一幕——这场争论涉及自罗马帝国崩溃以来第一次在欧洲出现的全新数学发现的生存权。直至 16 世纪初期，西欧数学界的主要工作一直是追逐世界其他地方数学界的发展步伐，以及恢复他们自己的过去。塔尔达利亚向卡尔达诺透露的公式现在冠以后者的名字，这十分不公平。人们把这一公式与发现美洲大陆相比，因为这是有关世界的一项新鲜事实，任何古代书籍对此连一点暗示都没有。这一公式开创了数学上的一个探索时代，这一时代将改变世界数学的疆界，其深刻程度不亚于哥伦布的发现对于真实世界地理面貌的改变。

7 口吃者的秘密

卡尔达诺公式

有关卡尔达诺公式的故事实际开始于此前 3000 多年。在公元前 1850 至公元前 1650 年这段时期，如下这类问题大量出现于巴比伦人的数学书板上：找到两个数，其乘积为 60，其差为 7。现代数学家会设其中一个数为 x，另一个数为 y，并把 y 表示为 $y=60/x$，因此即有 $x-60/x=7$。与此等价的方程是 $x^2-7x-60=0$。此后人们就会引用二次方程公式，它告诉我们，任何二次方程 $ax^2+bx+c=0$ 的解为：

$$x=\frac{-b\pm\sqrt{b^2-4ac}}{2a}$$

将 $a=1$，$b=-7$，$c=-60$ 代入，该数学家即可求得该方程的解为 $x=12$，$y=60/12=5$。

然而巴比伦人不知道我们今天所用的代数方法。巴比伦书吏会代之以一种更为直观的方法，即画出一个边长为未知长度 x 与 y 的长方形，并在将这一长方形切割成小块之后重组成一个如 62 页图中的 L 形图形。然后该书吏将在缺角上补上一个面积未知的小正方形，令这一 L 形图形“完整”。称为“配方法”的类似解方程法仍在今天的中学代数课

$$x=\sqrt[3]{\frac{q}{2}+\sqrt{\frac{q^2}{4}+\frac{p^3}{27}}}-\sqrt[3]{-\frac{q}{2}+\sqrt{\frac{q^2}{4}+\frac{p^3}{27}}}$$

求解简化了的三次方程 $x^3+px=q$ 的卡尔达诺公式

中讲授。但它只是作为二次方程公式法的开胃菜，而且教师通常矢口不提它的几何意义或者其历史起源。

其他古代数学文化也“知道”二次方程公式，或者求解二次方程的其他等效方法。欧几里得运用几何作图法画出了所求长度的线段。在 7 世纪的印度，我们前面讨论零时说到过的婆罗摩笈多提供了一种求解 $ax^2+bx+c=0$ 的方法，其本质就是以文字而不是以符号表述的二次方程公式。

然而，经典数学实际上一直对求解形如 $ax^3+bx^2+cx+d=0$ 的三次方程问题不置一词*。1494 年，意大利数学家帕修黎修士[4]认为三次方程永远无法精确求解。整整一代人之后才总算有人证明帕修黎是错误的！

16 世纪初叶，波伦亚[5]数学家菲尔洛[6]显然找到了一种求解不带有平方项的三次方程的方法，即任何形如 $x^3+px=q$ 的方程。今天，

* 波斯诗人与数学家奥玛开阳（1050—1130）的工作是一个例外，他告诉世人如何用几何作图法（例如通过找出抛物线和圆的焦点）求解一大批三次方程。然而这一方法无法轻松地转变为数值形式，而且也不与后来塔尔达利亚与卡尔达诺的工作等价。

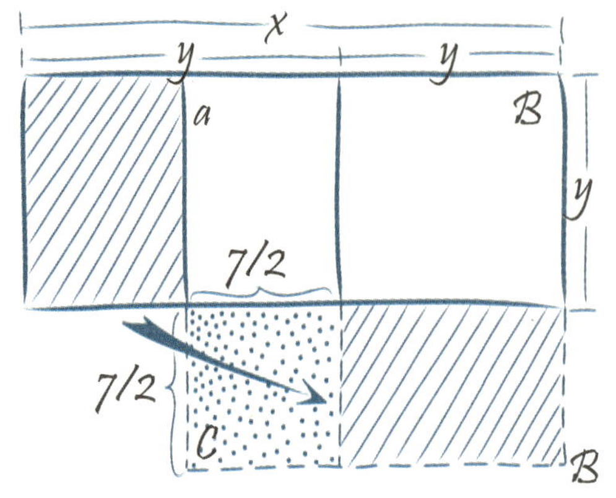

左图 “配方法”

任何有了这种发现的数学家都会很快发表成果，但在那个时代的意大利，数学家是靠在难题竞赛中击败其他数学家获得名声的。因此菲尔洛对他的方法保密，以便他可以在竞赛中提出一些其对手无法解答的问题。只是到了弥留之际，他才在病床上把他的秘密透露给了他的两个学生，菲奥里和内夫[7]。

但很快，有关菲尔洛的发现的流言便传得满城风雨。16 世纪 30 年代初，塔尔达利亚开始声称他也能解三次方程。菲奥里认为塔尔达利亚实际上没这个能力，就急匆匆地向他提出了竞赛挑战。根据传说（这一传说太完美了，所以很可能不是真的），塔尔达利亚在竞赛前夕终于找到了求解这些三次方程的方法，所以他在竞赛中把菲奥里打得一败涂地。

那么卡尔达诺又是怎样让自己的名字跟本来应该是塔尔达利亚或者菲尔洛公式的定理挂上钩的呢？当你读到吉罗拉莫·卡尔达诺对于自己的描述时这就不那么令人吃惊了：他在自传中写道，他“易怒、单纯、喜欢女人……狡黠、机敏、尖刻、勤奋、鲁莽、伤感而又善变、悲凉、仇恨满怀、好色、晦淫、欺骗、谄媚……”他在帕多瓦大学专修内科，但或许是由于其怪诞的行为，直到 1539 年他才被允许在米兰行医。然而，他甚至在此之前就作为公开演讲人并就许多题材（包括数学）发表作品而成为闻名遐迩的风云人物。

1539 年，卡尔达诺正在编纂一本题为《实用算学大全》的数学手册。他要求塔尔达利亚告诉他求解三次方程的秘密。开始塔尔达利亚拒绝了，理由是他自己想写一本书。但最后卡尔达诺说服塔尔达利亚到他家中做客。1539 年 3 月 25 日晚上，塔尔达利亚让卡尔达诺发誓严格保密，这才向他透露了自己的方法。

以下是数学史学家杰奎琳·斯特达尔译为英文的这一秘密。（塔尔达利亚实际上是用意大利语韵文写成的！）为易于理解起见，本书将塔尔达利亚的版本转换为代数符号。“目标”即未知数 x，“立方”指 x^3，而“目标的数量”指 p。塔尔达利亚要解的方程是 $x^3+px=q$，p 与 q 都是正数。（最后一点对今天的数学家们无关紧要，但对于 16 世纪的意大利人则非常重要，因为他们还像公元前 19 世纪的巴比伦人一样，对负数疑虑重重。）

塔尔达利亚	代数
当目标的立方再加几个目标	若x^3+px
它们之和等于某数 且正为另外两数之差	$=q$， 找到u、v，且$u-v=q$
以下即为运算规则	
这两数之积将永远等于	且 $uv=$
目标之数除以3后立方	$(\frac{p}{3})^3$
求得两数之后	然后
两数立方根再相减	$\sqrt[3]{u}-\sqrt[3]{v}$
此即所欲求之目标	$=x$

要仔细看才能看出，塔尔达利亚的公式实际上就是一种“配立方法”，但其中包括了一个非常聪明的新步骤，这是巴比伦人配平方法中所没有的：这一方法引入了两个新的辅助变量 u 与 v。以下就是这种方法是如何解决后来卡尔达诺所给出的例子中的问题的：对于方程 $x^3+6x=20$，按照塔尔达利亚的方法，令 $uv=(6/3)^3$，且 $u-v=20$。这一联立方程组可由二次方程解得 $u=10+6\sqrt{3}$ 、$v=-10+$

$6\sqrt{3}$（取其中一组正值）。现在我们应该找出 u 与 v 的立方根。通常人们需要用手或者算盘进行近似计算，但对于这一特定例子，这两个立方根具有简单的准确形式：

$$\sqrt[3]{u}=\sqrt{3}+1 \text{ 和 } \sqrt[3]{v}=\sqrt{3}-1$$

最后将这二数相减可求得 $x=(\sqrt{3}+1)-(\sqrt{3}-1)=2$

下图　卡尔达诺 1545 年出版的著作《大衍术》的雕刻封面画。这是第一部拉丁文版的代数巨著。

开始时卡尔达诺遵守誓言，没有公布塔尔达利亚的方法。但后来几年中发生的几件事让他心痒难挠，一心想发表这种解题方法。第一，他和他的年轻助手费拉里已经找到了方法，可以将任何三次方程简化为菲尔洛形式的方程，或者另外 12 种基本形式的一种；这一成就已经超越了塔尔达利亚。第二，如卡尔达诺后来所写的那样，“应我的要求，费拉里发明了”一种求解四次方程的方法。这后一项发现的意义远远超过了卡尔达诺轻描淡写的评论中暗示的程度。在发现二次方程的解法与三次方程的第一次求解之间，历史跨越了 3000 多年的悠悠岁月，但费拉里只花了区区 4 年，便成功地解决了四次方程的求解问题！但遗憾的是，三次方程的求解方法是四次方程求解方法的一个中间步骤。现在，对塔尔达利亚的承诺变

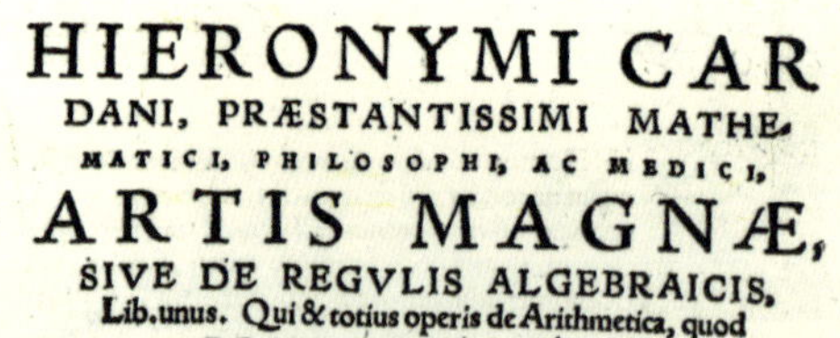

HIERONYMI CAR
DANI, PRÆSTANTISSIMI MATHE-
MATICI, PHILOSOPHI, AC MEDICI,
ARTIS MAGNÆ,
SIVE DE REGVLIS ALGEBRAICIS,
Lib. unus. Qui & totius operis de Arithmetica, quod
OPVS PERFECTVM
inſcripſit, eſt in ordine Decimus.

HAbes in hoc libro, ſtudioſe Lector, Regulas Algebraicas (Itali, de la Coſſa uocant) nouis adinuentionibus, ac demonſtrationibus ab Authore ita locupletatas, ut pro pauculis antea uulgò tritis, iam ſeptuaginta euaſerint. Neq; ſolum, ubi unus numerus alteri, aut duo uni, uerum etiam, ubi duo duobus, aut tres uni ęquales fuerint, nodum explicant. Hunc aũt librum ideo ſeorſim edere placuit, ut hoc abſtruſiſſimo, & planè inexhauſto totius Arithmeticæ theſauro in lucem eruto, & quaſi in theatro quodam omnibus ad ſpectandum expoſito, Lectores incitarẽtur, ut reliquos Operis Perfecti libros, qui per Tomos edentur, tanto auidius amplectantur, ac minore faſtidio perdiſcant.

成了一个重大障碍：没有求解三次方程的方法，卡尔达诺就无法发表费拉里求解四次方程的杰出方法。

这时，卡尔达诺找到了一个绕过这一障碍的巧妙方法。1543 年，卡尔达诺设法在波伦亚找到了费尔洛的另一个学生内夫，并从他那里确知，塔尔达利亚求解三次方程的方法与费尔洛的方法全无二致。显然，这一事实让卡尔达诺得以（至少在他心目中）解脱了他对塔尔达利亚的保密承诺。两年后，卡尔达诺发表了他有生以来最重大的数学作品：《大衍术》（伟大的艺术），其中包括对三次与四次方程的完整求解方法，从而公开了这一秘密。

塔尔达利亚自然觉得卡尔达诺背叛了他。他连珠炮般地发表了一系列辱骂卡尔达诺的公开信，并出版了他自己的书。但卡尔达诺却游离于这场纷争之外，只是授权费拉里代替他作答。费拉里对这一任务热忱有加，并最终取得了成功，本章开头叙述了这一故事。

看上去，这一公式既没有菲尔洛的名号，又非塔尔达利亚公式，就连费拉里的名字也没沾边，而让卡尔达诺独享尊崇，这似乎很不公正。但正如我们已经在上一章中说过的那样，数学的繁荣来自公开的交流。仅仅发现了美洲新大陆还不够，发现者还必须让这一发现为世人所知。只有卡尔达诺采取了这最后一步，并因此取得了这一光荣。

卡尔达诺公式具有长期的影响，甚至超过了它所解决的问题本身的重要意义。例如，它是首次吸引人们在数学中使用虚数和复数的事物之一。虚数是平方为负数的数字，这是任何实数都不具有的性质。有了虚数我们就可以宣称：-1 有两个平方根，可分别以 i 与 $-i$ 记之。没有虚数，我们就只能说 -1 没有平方根。一旦有了虚数，我们就可以把复数定义为带有实数与虚数两个部分的数，例如 $1+2i$。

如果没有虚数，不但现代数学无法想象，就连现代物理也同样无

法想象。例如，在量子力学中，光子等一类基本粒子被定义为“波函数”。光子的波函数在某些点上通常具有复数值，如 $0.2+0.3i$。波函数的虚数部分对应于光子的波的性质，或“位相”；例如，它解释了通过两条狭缝的一束光线在狭缝的另一面并非两条亮线，而是形成干涉图样的原因（见 143 页的杨氏[8]实验）。因此，虚数看来以非常实在的方式织入了宇宙的整体结构之中。

在卡尔达诺之前从未有任何人断言 -1 有两个虚数平方根。你或许可以比较一下：你去问一个孩子，看他邀请了多少虚拟好友来参加生日聚会。但在三次多项式的情况下，这些“虚拟的”好友却实际上留下了一些实

上图　卡尔达诺出版于1663年的《全集》的扉页装饰图案，其中表现的人物是托勒密和欧几里得。

实在在的生日礼物！1572 年，拉菲罗·邦别利[9]就这一现象举了一个例子。方程 $x^3 = 15x + 4$ 有一个实根 $x = 4$，这一点可以通过将 $x = 4$ 代入原方程证实。然而卡尔达诺公式指出：

$$x = \sqrt[3]{2 + \sqrt{-121}} + \sqrt[3]{2 - \sqrt{-121}}\text{。}$$

对这种乱七八糟的东西卡尔达诺毫无兴趣，例如他有一次这样写道："算学的微妙发展到了如此地步，正如常言所云：其最终的精致形式毫无用处。"但邦别利认识到，这些表达形式自有深意。上式的第一个立方根等于 $2 + i$，而第二个等于 $2 - i$，因此 $x = (2 + i) + (2 - i) = 4$。在解的最后形式中不存在虚数值，但没有它们我们却无法得到这个解。

令人欣慰的是，今天的学生用不着再学习卡尔达诺公式。尽管如此，19 世纪的人们认为学生应该知道如何求解三次方程。阿尔伯特·爱因斯坦[10]在大学考试中成功地运用卡尔达诺公式解答了一个问题，这与尽人皆知的惊人传说——爱因斯坦在学生时代的数学成绩不敢恭维——恰成对照。

卡尔达诺公式向前发展的下一步是求解更高阶的方程，但这一步却迟迟未能踏下。在征服了三次与四次方程之后，人们大概会认为，五阶多项式（方程）的解法很快会接踵而来。但奇怪的是，在此后的 250 年间，人们在这方面的研究成果寥寥。人们可以求解某些五次方程，但可以应用于一切五次方程的普适公式却一直暂付阙如。

1824 年，挪威数学家尼尔斯·亨里克·阿贝尔[11]终于证明，对于五次方程，不存在任何卡尔达诺式的求解公式。（所谓"卡尔达诺式的公式"指的是任何带有二次、三次、四次等方根，且它们可能相互嵌套的公式。数学家们称此为"根数解"。）或许，阿贝尔定理终结了数学的一个章节，但它同时也揭开了另一个章节崭新的一页。他的证明让数学家更为深刻地理解了对称概念，这将在第 14 章中讨论。

8
九重天上的秩序
开普勒的行星运行定律

科学界于 16 与 17 世纪的另一场大战是围绕着一项实际上并非革命的“革命性”理论展开的。1543 年，尼古拉·哥白尼[12]在临死前不久发表了《天体运行论》，其中认为，处于太阳系中心位置的并非地球，而是太阳。尽管哥白尼的理论不符合教堂的宇宙观，但这却根本不是一种新观点。公元前 4 世纪，希腊哲学家，萨默斯[13]的阿利斯塔克[14]已经讨论过一种宇宙的日心模型。

17 世纪初叶，两大事件把“哥白尼学说”（但实际上是阿利斯塔克学说）推到了一场急风暴雨般的争论的中心。其一是 1608 年望远镜的发明，其二是伽利略·伽利雷[15]利用一台这种新发明的望远镜发现了围绕木星旋转的 4 颗小卫星。无论伽利略或者任何其他不怕麻烦、愿意通过望远镜进行天文观察的人都能看到，在宇宙中存在着不围绕地球旋转的天体的直接证据。伽利略的发现敲响了地球是宇宙的中心这一教义的丧钟。

可以很容易地把伽利略说成是哥白尼理论的伟大提倡者，而他的一生也确实充满了戏剧性事件和自我牺牲精神。1633 年，因为他认为地球并非宇宙的中心，伽利略被宗教裁判所以异端罪送审并定罪。他

$$r(\theta)=\frac{p}{1+\varepsilon\cos(\theta)}$$

$$r^2(t)\frac{d\theta}{dt}=C_1$$

$$T=C_2R^{3/2}$$

函数$r(\theta)$代表一颗行星当其位于黄道带θ度时与太阳之间的距离。角坐标$\theta(t)$本身也是时间t的函数。行星围绕太阳公转一周的周期为T。常数p与R大致描述了轨道的宽度与长度。偏心率e描述轨道偏离完美圆形的程度。C_1与C_2是两个经验常数。

被逼宣称放弃自己的主张，并在软禁中度过了余生。然而在这一故事中还有另一位主角，虽然他没有伽利略那么出名，但或许也应该得到同样的尊重。他就是约翰尼斯·开普勒[16]。

尽管人们认为他主要是一位天文学家，但开普勒在数学和大胆假设方面有真正的天赋。他能发现前人未能找到的模式，虽说有时候这些模式其实并不存在。例如，当伽利略宣布他发现木星有4颗卫星之后，开普勒假设，火星一定会有2颗，土星一定会有8颗，这才能维持太阳系从内向外行星卫星数目按几何级数发展的模式：地球1颗，火星2颗，木星4颗，土星8颗。令人吃惊的是，他有关火星的假设是正确的，但这一“模式”只不过是巧合而已。我们现在知道的木星卫星有63颗，土星卫星有62颗。

人们可以很容易地理解，由于开普勒天生富有探索精神，因此他是全心全意地接受哥白尼学说的第一批科学家之一。但他谴责伽利略，因为后者没有和他一样公开接受哥白尼学说，这就有一点令人吃惊了。1597年，伽利略写信给他，告诉他自己同意哥白尼的理论，但不敢公开发表自己的见解。开普勒回信写道：“你拥有着如此卓越的头脑，然而，我确实曾经希望你会采取不同的做法……伽利雷，坚定你的信念，勇敢地站出来吧！”尽管如此，在此后的 13 年中伽利略依旧在公开场合下保持沉默。直到发现了木星的伽利略卫星，他这才得到了让他“站出来”所需要的证据。

如今，开普勒的名声基于他发现的三个数学定律。他过去的老板，丹麦天文学家第谷・布拉赫[17]曾对行星的运行轨道进行了长期艰苦卓绝的观察。开普勒的定律就基于对这些观察数据的分析。昔日的旧天文学关心的是如何描述宇宙，新型天文学旨在解释行星与其他天体运行的规律；而他的三大定律正是在这两种天文学之间架设的桥梁。这些定律还是叙述性的，但其精确度极高，实际上在呼唤一项数学证明。差不多在四分之三个世纪以后，艾萨克・牛顿于 1686 年给出了这一证明。

开普勒第一定律称，行星并非以圆形轨道环绕太阳运行，它们的轨道是椭圆形，其中太阳位于椭圆形的一个焦点。我们可以用如下公式的形式表达这一定律：

$$r(\theta)=\frac{p}{1+\varepsilon\cos(\theta)}$$

此处 $r(\theta)$ 代表当行星与太阳的连线与其远日点（它与太阳之间距离最远之处）与太阳的连线成 θ 度时它与太阳之间的距离。数值 p 代表当行星与太阳的连线与其远日点与太阳的连线成 90 度角时它与太阳的距离，数值 ε 代表偏心度，即行星轨道偏离圆形的程度。注意，如果偏心度为零，则原来的等式即为 $r(\theta)=p$，这时行星与太阳之间的距离为常数。在这种情况下，而且只在这种情况下，行星的轨道为圆形。

具有讽刺意义的是，开普勒第一定律实际上偏离了严格的哥白尼

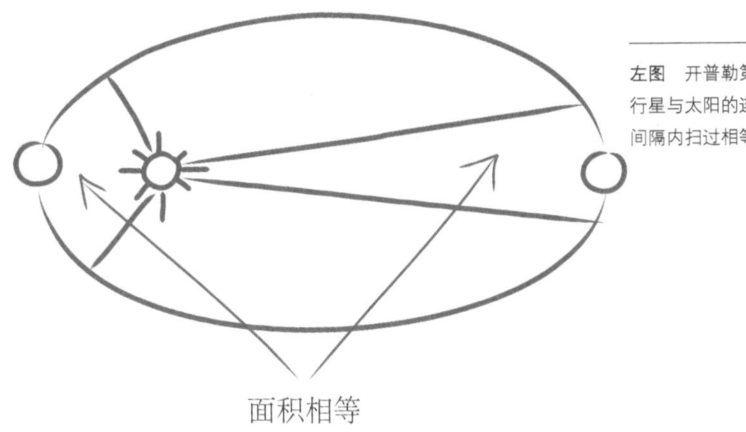

左图　开普勒第二定律：连接行星与太阳的连线在相等时间间隔内扫过相等的面积。

学说。太阳并非位于地球轨道的中心，而是稍微错开了一段距离。当地球距离太阳最近的时候（近日点），地球距太阳 9130 万英里（1 亿 4700 万公里）。而在它距太阳最远时，这一距离为 9450 万英里（1 亿 5200 万公里）。更重要的是，千百年来，人们一直按照传统，或者把行星的轨道描述为圆形，或者把它描述为圆形运动的复杂组合；而开普勒定律清楚地打破了这一传统。亚里士多德认为圆形是最为完美的曲线，因此也是唯一能够描述天体运行的曲线。2 世纪，托勒密[18]曾进一步精化了亚里士多德的体系，代之以鲁布・戈德堡[19]式的复杂圆运动与其他圆运动的叠加，但即便如此，他也无法非常准确地预测行星的运动。在当代人的眼中，开普勒定律简单、质朴，而且比普鲁塔克[20]理论优美得多。要想确定任何行星轨道的形状，你只需要知道两个数字：p 和 ε。

但开普勒并没有止步于此。他根据布拉赫的行星数据又发现了另外两个运行规律，从那时起，它们已经被提高到了“定律”的高度。开普勒第二定律称，行星在靠近太阳时速度加快，而且加速方式可以准确地定量确定。无论行星在其轨道上何处运行，该行星扫过的面积在任何给定的固定时间间隔内都相等。如上图所示，因为地球在其近日点上距离太阳较近，因此它在近日点上的一天内扫过的三角形的底边一定长于它在远日点上一天内扫过的三角形底边。

Cap. XXIV.

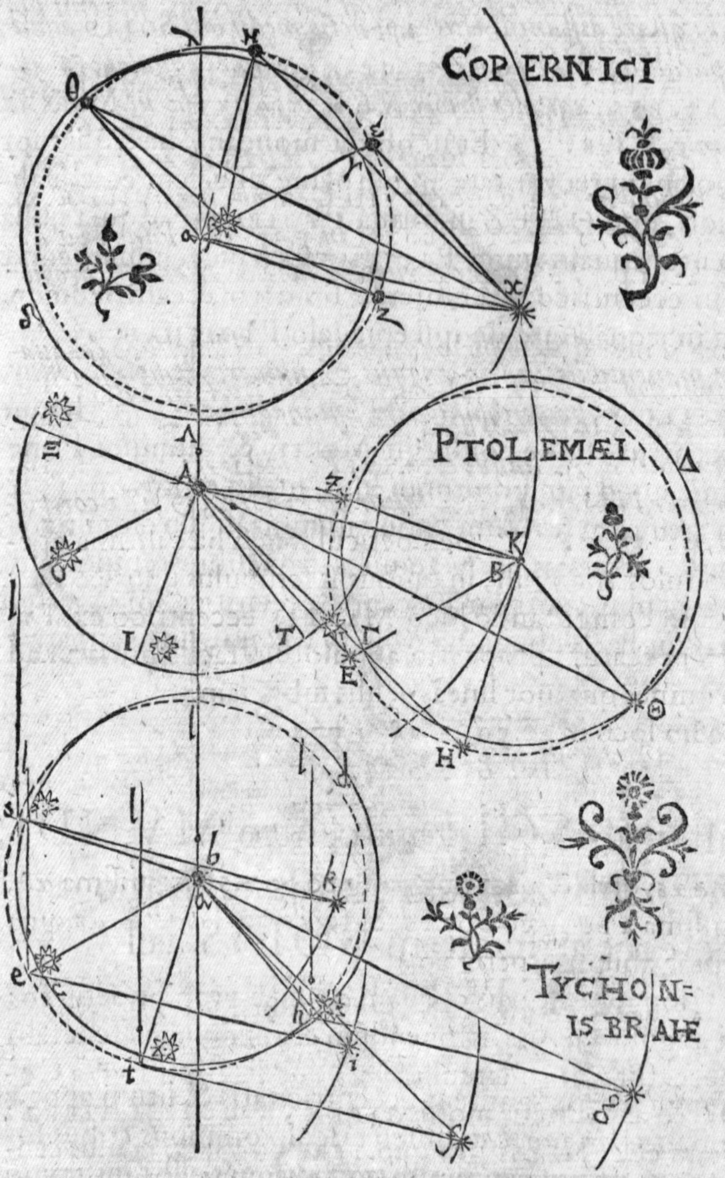

ſtrabitur (ut prius) iisdem plane numeris, lineis & angulis, has lineas præter opinionem eſſe inæquales, ac propterea Martem non in circulo Γ Δ *verſari, cujus ſit centrum in* K *puncto æqualitatis motus, ſed in* Z E H Θ *circulo, cujus centrum a* K *verſus* B *vergat, propemodum in linea* K B. *quæ ſit parallelos lineæ ex* A TERRA *per perigæum* SOLIS *ducta.*

Vergit igitur apogæum epicycli in perigæum SOLIS. Et quia epicyclus propter omnimodam æquipollentiam, ut jam dictũ, ponendus eſt æqualis circuitui Solis, & Z K parallelos ipſi Ξ A, & E K ipſi O A, & H K ipſi I A, & Θ K ipſi T A: igitur etiam ipſas Ξ A, O A, I A, T A, inæquales eſſe veriſimile eſt: & punctum medii loci SOLIS (BRAHEANA notione centrum epicycli SOLIS) per circuitum a puncto æqualitatis diſtare inæqualiter. Quod obiter interjeci. nihil .n. facit ad præſentem demonſtrationem, niſi quod eam extendit amplius.

In forma TYCHONICA *ſit* A TERRA, *& ex ea ſcribatur* SOLIS *concentricus* C D, *qui putetur eſſe deferens* SYSTEMA *Planetarum; cum ſit* A *punctum æqualitatis motus concentrici* SOLIS. *Erit itaque* SOL *ipſe in alio eccentrico circulo. Sit ejus centrum ab* A *verſus partes* B. *Sit autem* A L *regula lineæ apſidum* MARTIS, *ut linea apſidum circulatione & tranſpoſitione ſui eccentrici ſemper maneat parallelos ipſi* A L. *Sint autem lineæ medii motus* SOLIS *ad noſtra quatuor momenta* A H, A T, A E, A S: *& ex* A *ejiciantur lineæ viſionum* MARTIS, *prout ſupra deſcriptæ ſunt, in hunc vel illum*

地球的轨道与圆形如此接近（ε = 0.0167），以至于我们中大多数人都不知道这一微妙差别。尽管如此，这些差别确实对我们有影响，其程度比大多数人意识到的更为深刻。当前，在地球距离太阳最近的时刻正是北半球的冬季。这意味着，如果近日点出现在夏季，北半球的冬季将会略长，也会更寒冷一些。然而情况并非永远如此。大约13000年以后情况会发生颠倒，我们将经历更长、更严酷的冬季。有人认为，这类轨道变化的存在是形成冰河期的一个原因。

如果说，开普勒的头两个定律是人们奋力理解布拉赫火星轨道数据的8年漫长斗争的高潮，开普勒第三定律则似乎是在1618年3月8日，当他正在对一本名为《世界的和谐》的著作进行最后润色时不期然而至的。与描述单个行星运行的前两个定律不同，第三定律为行星之间的比较奠定了基础。这一定律说，行星年的长度与它和太阳的距离的 3/2 次方成正比。（对这一定律的另一种陈述方式是：行星公转周期的平方与它与太阳间的平均距离的立方成正比。）例如，冥王星与太阳之间的距离是地球与太阳之间距离的39.5倍。因此，冥王星公转一周耗时 $(39.5)^{3/2} = 39.5 \times \sqrt{39.5} = 248$ 地球年。

左页图　火星轨道。开普勒（1571—1630）著作《新天文学》中的一幅雕刻画。

开普勒第三定律的逆向叙述其实更为有用。测量行星围绕太阳或卫星围绕行星或两颗恒星相互围绕运行的公转周期是相对容易的。相对困难的部分是测量它们之间的距离。开普勒第三定律为我们提供了一个把公转周期转化为相互间距离的直接方法。后来，运用牛顿引力定律对此所做的改进让我们可以通过公转周期推导卫星、行星或者恒星的质量。这样的计算对于许多研究都具有根本性的意义，其中一个例子是对可能存在生命体的太阳系外行星（即其他太阳系中的行星）的搜寻。如果我们不知道一颗行星有多大、距离它的太阳有多远，我们就无法知道它是不是一颗宜居行星。如果有一天我们真的在一颗遥远的行星上发现了存在生命的证据，这将归功于开普勒和他的第三定律。

9

书写永恒

费马最后定理

皮埃尔·德·费马[21]不是个爱搞恶作剧的人。他是法国南部一个富有的皮货商的儿子；1631 年获得奥尔良大学法学学位后，他在图卢兹[22]最高法院谋得了一个席位，并变成了一个贵族。根据他所写的信件提供的证据来看，他是一个有些羞涩、沉默寡言的人，不喜欢与人争论。但费马有一个不寻常的特点：他热爱数学。在一个数学家开始跨越国家的疆界，把他们的课题变成国际事业的年代里，他的名声举世传扬，并在他死后多年长盛不衰。由于命运的一次离奇扭转，他传世最为久远的遗产是一个他几乎可以肯定没有解决的难题。这个人称费马最后定理的难题在不期然间变成了数学史上的一场恶作剧：因为这是一个让人感觉十分简单的陈述，但它却在 350 多年间让一切企图证明它的努力徒呼无奈。已知的最为可靠的证据说明，费马的数学是自学成才。然而，在大学时代他与一个对数学感兴趣的小圈子里的人们结成了朋友，这显然刺激了他进行自己的研究工作。他的一个朋友在 1636 年前往巴黎皇家图书馆工作，并让马兰·梅森神父[23]注意到了费马这个此前默默无闻的乡土数学家的工作。

在那个科学院和科学杂志尚未问世、大多数大学甚至连数学教授都没有的年代，梅森就是法国数学界众星捧月式的人物。他在修道院

$$x^n + y^n = z^n$$

数字x，y，z与n都是正整数，n大于2。与我前面讨论过的方程不同的是，费马最后定理称此方程无解。

里举行定期聚会，并与欧洲差不多所有数学家保持联系。如果你想让你的发现为人所知，你最好把它寄给梅森，然后整个世界很快就都会知道了。费马本人从未去过巴黎，也从来没有在法国南部以外的地方“探险”，而且他只在 1646 年见过梅森一次。他固执地拒绝以他自己的名字发表任何作品。尽管如此，由于梅森的缘故，他取得的成果四海皆知，法国和国外的其他数学家热切地希望学习他的方法。但费马却守口如瓶。他的独特做法是把他的发现作为问题寄给其他数学家，而且经常很有技巧地把问题隐藏起来，让收信人很难弄清他的发现的真正本质，除非收信人自己也曾涉猎过类似的问题。通过这种方法，费马可以确认他是否真的有了新发现，而不必说出他发现了些什么。这种挑战既让其他数学家感到心痒难挠，又让他们有几分气恼。勒内·笛卡儿[24]说他是个“牛皮匠”，伯纳德·弗兰涅克尔·德·贝西[25]则谴责他总是提出些无法解决的难题。费马希望取得他人承认，同时却对过多泄露自己的秘密有着几乎病态的恐惧，他就在这二者之间犹疑彷徨。一方面他乐于引用弗朗西斯·贝肯爵士[26]的名言作为自己的座右铭：“知识的成长取决于同行间的大量交流。”另一方面，由于他不喜欢公布结果，他的许多工作无法为“同行们”接触。

数论是研究有整数解的方程的理论，费马是对数论产生浓厚兴趣的第一位现代欧洲数学家。他一直进行研究的一个题目是毕达哥拉斯三数组，换句话说，就是找到能让 $a^2+b^2=c^2$ 成立的整数 a、b、c。通过研究一本刚刚由古希腊文翻译过来的书——《丢番图的算术》——费马知道古希腊人有求解这一方程的普遍方法。费马就这一课题进行了大量不同的工作：为同一斜边 c 找到两个不同的毕达哥拉斯三数组；寻找这样的毕达哥拉斯三数组：它们构成的直角三角形的面积是平方数，或者平方数的二倍，或者其两条直角边之和 $a+b$ 是平方数。他能够以令自己满意的程度解决所有这些问题，甚至有时还能证明某问题无解（例如，不存在面积为完全平方数的毕达哥拉斯三角形）。

或许是在 1636 年与 1640 年之间的某一天，他又找到了另外一项与此相关的变形工作：是否有两个立方数之和为另外一个立方数？更普遍地说，当指数 n 大于 2 时，方程 $x^n+y^n=z^n$ 是否有整数解？在他那本丢番图著作的空白处，费马写道："任何立方数都不可能写为两个立方数之和的形式，也没有任何四次方数可以写成另外两个四次方数的形式。普遍地说，任何二次以上的幂都不可能写成另外两个同次幂的形式。对此我已经找到了一个真正绝妙的证明，但书的空白处实在太小，无法把它写下来。"费马从来没有让别人看到他这一条手写的笔记的意思，但它却成了数学史上最为著名的引文之一。正如数论学家安德烈•韦伊[27]曾经写下的那样："他怎能料到，笔落处，抒写的便是永恒？"

费马死后，他的儿子萨米尔收集并发表了他的手稿，其中包括写在那本丢番图著作空白上的全部笔记。18 世纪，瑞士数学家莱昂哈德•欧拉把重新证明费马在数论上的结果作为对自己的人生挑战。他唯一未能完成的是将幂整数分解为两个同级幂整数之和的定理。他确实证明了方程 $x^3+y^3=z^3$ 和 $x^4+y^4=z^4$ 不存在整数解，但对任何指数 n 都成立的一般方法他却只能饮恨败北。

费马在书页空白处写下的貌似简单的笔记后来被叫作"费马最后

定理”。当然，实际上这并不是一个定理（即不是一个已经证明的事实），而只是一项猜想。1852 年，彼得 • 狄利克莱[28]证明，当 $n = 5$ 时方程没有整数解。1839 年，加布里埃尔 • 拉梅[29]证明 $n = 7$ 时情况相同。至 1857 年，恩斯特 • 库默尔[30]一直证明到指数 n 不大于 100 的情况下该方程无整数解。尽管这一过程的进展似乎缓慢得令人烦恼，但对费马最后定理的证明开拓了数学的新领域，今天人们称这一领域为代数数论。

甚至到了 20 世纪，费马最后定理还像一只下金蛋的母鸡，仍旧在为数学王国开疆拓土。20 世纪 80 年代初，德国数学家格哈德 • 弗赖[31]意识到，费马方程 $a^n + b^n = c^n$ 的任何已有解都可用以画出一条由方程 $y^2 = x(x - a^n)(x + b^n)$ 描述的辅助曲线；他感到这一现象非常怪异。弗赖认为，这一现象如此反常，以至于会违反数论中另一个未经证明的猜想：谷山 - 志村猜想[32]。开始时这一证据看上去不很充分，但随后一位美国数学家肯尼斯 • 里贝特[33]证明了弗赖是正确的：如果谷山 - 志村猜想证实为真，则费马最后定理成立。

弗赖的想法太聪明了，简直就是振聋发聩。他把费马方程中的变量转化成了另一个不同方程的系数。这就像是互换了 M.C. 埃舍尔[34]的一幅画作的前景和背景。即便如此，弗赖与里贝特的工作是否会带来突破，这一点还远非一目了然。他们只不过把一个看上去无法达到的目标换成了另外一个而已。实际上弗赖和里贝特说的是：你想攀登珠穆朗玛峰吗？容易，先长出翅膀来就行了。

实际上，世界上只有一个人认为自己能够证明谷山 - 志村猜想，这个人就是安德鲁 • 怀尔斯[35]。而他或多或少就是通过“长出翅膀”这一方法证明的。但他实际上制造的不是翅膀，而是一架飞机。七年间他独自一人在阁楼上忙碌，把 20 世纪数学最艰难、最抽象、最强大的三项理论——L- 函数、模形式和伽罗瓦表示——联系到了一起，使它们结合成了一台能够翱翔蓝天的飞机。人们或许可以把他的证明比作阿波罗登月之旅，因为阿波罗计划将至少三项相互独立的技术结合到

上图　毛里茨·科内流斯·埃舍于 1938 年创作的木刻《天与水，I》，这是前景与背景互换的一个例子。

了一起：火箭技术、计算技术和通信技术。这三项技术中没有任何一项在发展时考虑过登月项目，因为当时人们认为登月是无法想象的。但缺少了其中任何一项技术，登月项目都是无法想象的。但它们终究在时机合适的情况下走到了一起，征服了一个“无法解决的难题”（人类如何才能飞上月球？）。凑巧的是，与费马最后定理一样，这个难题也在大约 350 年间在人们的胸臆间挥之不去。

1993 年，怀尔斯宣布他证明了费马最后定理。与费马不同，他在 1994 年把他的证明提交发表。在费马与怀尔斯之间，350 年的光阴让数学家学到了深刻的一课：一项没有已发表证明的“定理”根本就算不上一项定理。实际上，怀尔斯在 1993 年写下他的证明时发现了一处缺欠，这一问题他花费了一年的时间才在一位名叫理查德·泰勒的学生协助下予以解决。或许，如果费马不怕麻烦写下了自己的证明，那他也会找出缺欠的吧。

这就为我们带来了一个不可避免的问题：费马真的找到了一项正确的证明吗？对于任何一个合格的数论学家来说，对此的答案都会是一个响亮的“没有”。安德烈·韦伊的观点是：我们可以肯定，费马做出了 $n=4$ 时的证明，我们或许也能相信他找到了一个类似欧拉对于 $n=3$ 的情况下的证明。应用费马的“技巧”，这两种情况都是可解的。但从 $n=5$ 开始，这一问题就发生了意义重大的改变。要做出 $n=5$ 的证明，人们需要有 19 世纪的复数与代数数域的方法。而且，像我描述过的那样，怀尔斯对于普遍情况的证明要求有 20 世纪数学最前沿的概念，这是费马连做梦都不会想到的。

除了这些数学上的理由之外，怀尔斯还加上了一条心理上的理由。费马不断地就 $n=3$ 和 $n=4$ 的情况吹嘘，并把这些问题作为对其他数学家（其中包括可怜的德·贝西）的挑战。但在他的任何一封信中都没有提到过普遍形式，以及 $n \geqslant 5$ 的形式。他为什么要如此约束自己？怀尔斯认为，最可能的情况是，费马意识到，他的所谓“真正奇妙的证明”对于这些情况不起作用。每一位数学家都曾有过这种情况。你认为你深邃地洞悉了问题的本质，但接着你出去散了个步，或者第二天又回去看了看这个问题，你就发现，你的所谓“辉煌的想法”有漏洞。有时候你能够回头补救，但有时候你就做不到。

怀尔斯的数学与心理论证是很有说服力的。然而，我愿把这一章的最后一段话留给我在 1990 年教过的一个中学班级。这是在怀尔斯宣布他的证明之前 3 年，在课程的最后一天，班里几个学生表演了以费马的生平为材料编写的一个戏剧小品。当大幕落下时他们齐声咏唱：

“费马！费马！他是我们的英雄！如果他都证明不了，那还会有谁行！”

10
一片未曾探索过的大陆
微积分基本定理

威廉·邓纳姆[36]认为，发现求解三次方程的卡尔达诺公式的意义足以与哥伦布发现整个大陆相比。然而，这一类比在某个非常重要的方面完全不成立。哥伦布发现的是一个在面积和重要性方面堪比欧洲的大陆。与此相反，时至今日，卡尔达诺公式差不多只能给人一点新奇感，即使对数学家们来说也同样如此。如果当年的古巴与西斯帕尼欧拉（哥伦布首次登岸的地方）只不过是附近不存在大陆的孤岛，卡尔达诺公式的意义说不定能跟哥伦布发现的影响相比。这种发现自然令人吃惊，但或许并不足以改变世界历史。

但在 17 世纪，数学家们确实发现了他们相当于“美洲新大陆”的发现，这是一块未经探索的数学“大陆”。这片大陆的名字叫作“微积分”，它有两位主要发现者：艾萨克·牛顿和戈特弗里德·威廉·莱布尼茨。

自从微积分问世，数学家和科学家在讨论连续变化的数量时便有了科学依据。微积分基本定理为解决这类数量的问题提供了实用工具。没有微积分，人们将无法理解现代科学，特别是物理学与工程学。但具有讽刺意味的是，现代数学科研者们几乎从不使用“微积分”这一术语。处理函数、积分、微分与无穷级数等数学分支——换言之，一

$$\int_a^b f(t)dt = F(b) - F(a)$$

$$\frac{dF}{dt} = f(t)$$

函数$f(x)$和$f(x)$是以x为自变量的连续函数。在第二个等式中，t是一个辅助变量。$f(x)$是$f(x)$的一个不定积分，即$dF/dx = f(x)$。积分号$\int$和微分号d/dx是牛顿首创的运算，源于求以曲线为边的区域的面积和求曲线的切线这两个古代问题。微积分基本定理声称积分与微分互为逆运算：如果你求任何函数的导数的积分，你会得到原来的函数。反之亦然。

切与微积分基本定理有联系的数学范畴——都被称为“分析”，而且它还被细分为实变函数分析、复变函数分析、泛函分析等，就像美国被细分为北部美国、南部美国与中部美国一样。在某种程度上，这里的区别在于知识分子的严谨。读到一部“微积分”著作时，数学家会认为，他会在书中看到非正式的、直观的论证或者解释，或者根本就不会看到解释；而在一部“分析”著作中，他或她会看到正式的、正确的证明。然而我认为，其中的差别也是由知识分子的虚荣导致的，或者说是因此而保存下来的。

牛顿和莱布尼茨的出生只相隔四年。1642 年，牛顿生于英格兰一个名叫乌尔索普的村子，而莱布尼茨则于 1646 年生于德国莱比锡。牛顿成了英格兰的民族英雄，并于 1727 年下葬于威斯敏斯特大教堂——历代君主的长眠之所。而莱布尼茨虽然在科学与哲学上都多有建树，但却相对地不被自己的祖国所承认。1716 年他离世时被安葬在一座没有标记的坟墓之中。

牛顿让物理学和数学都发生了根本转变：他发明了反射式望远镜并系统阐述了牛顿运动定律（我们将在第 11 章对此详加讨论）。可以

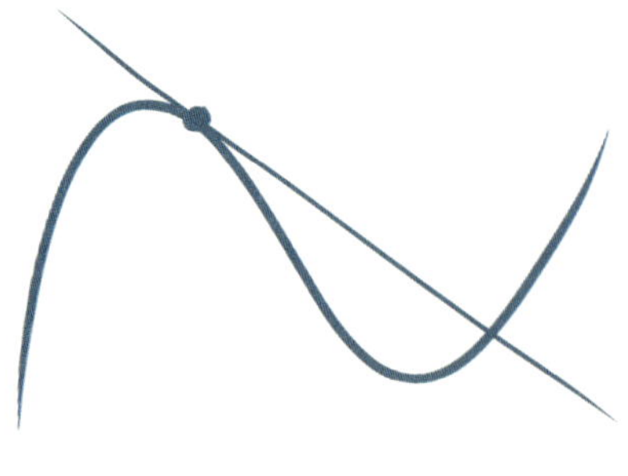
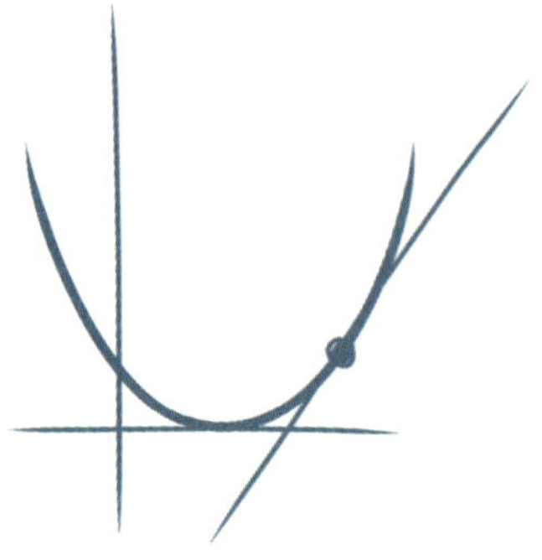

上图　切线与曲线。

毫不夸张地说，我们的建筑物得以高耸、我们的宇宙飞船得以翱翔，这都是拜牛顿定律之所赐。他悠长而又成果累累的科学生涯或多或少与他在剑桥大学度过的岁月重合：1661 年他以大学生身份初到剑桥，直至 1696 年离去，前往管理英国造币厂。

与牛顿类似，莱布尼茨也有许多数学以外的兴趣。作为哲学家，可以举出他在著作中有关邪恶的例子；他认为，尽管有些邪恶是必需的，但上帝创造了“一切可能的世界中最美好的一个”。伏尔泰[37]在他的名著《老实人》中嘲笑了他的这一信念。莱布尼茨的数学工作大多集中于 1672 — 1676 年间，当时他作为外交官驻在巴黎，且多有闲暇。对于学习数学来说，那里或许是世界上的最佳场所，因为梅森神父过去的友人的网络不但基本完好，而且还刚刚变成了一家正式组织：法国科学院。

以事后聪明的观点看问题，我们可以看出，欧洲数学家在整个 17 世纪都一直在摸索着走向微积分的发现。他们的尝试源于两个不同的方向。第一个方向是求积问题，即计算不规则区域（通常是曲边形）的面积。

自然，求积问题从古代起就强烈吸引了数学家们。计算面积的初期方法基于切割与重排法。后来，古希腊的阿基米德和中国的刘徽等数学家的方法变得更为精密，他们用一系列越来越精确的直多边形区域来求取曲线区域的面积近似值。

17 世纪早期，意大利数学家博纳文图拉 • 卡瓦列里[38]发明了一种叫作“不可分割法”的系统方法，该法将未知区域切割为狭窄的长方形条并将其面积加和。实际上阿基米德在许多个世纪前发展了一种类似方法，但他的工作失传了，只是在 1906 年才被人重新挖掘了出来，以至于这一方法重见天日时已经为期过晚，无法对欧洲科学史产生实质性的影响。但无论卡瓦列里或者阿基米德都没有认识到怎样才能将这一方法转化成为一种实际计算工具；他们举出的例子很少，而且冗长玄奥。

通往微积分的第二条道路始于对任意曲线画切线的问题。也就是说，你要怎样才能在一条曲线上画一条直线，让它只与曲线交于一点？与求积问题一样，解决这一问题的普遍方法是做一系列近似。为找出曲线上某点的切线，你需要知道曲线在该点的斜率。为计算斜率，你可以在想象中取曲线上与该点相邻的另一点，并画出一条连接这两点的线段并计算这一线段的斜率。你得到的答案总会与实际所求略有偏差。如果你能让邻近点“无限接近”该点，而两点之间的线段“无限短”的话，那问题可就迎刃而解了！但遗憾的是，确定这一点在数学上的合理性何其难也，因为这就意味着 0 除以 0。

有些人，其中包括费马，或许也包括牛顿在剑桥的老师艾萨克·贝若[39]，实际上对求积与切线问题都有涉猎。但只有牛顿和莱布尼茨抓住了事情的本质：这两者实际上是同一问题并行的两个方面。如果你以前没学过微积分，听到这种说法你会大吃一惊。看上去，在求一条曲线的切线和求另一条曲线所包围的面积之间绝对没什么表面上的联系。

只有在走过了乍看上去非常任意而且随意进行的一步——把曲线转变为图形之后，人们才能看出这两个古老问题之间的联系。当然，当今差不多人人都不会对曲线图感到陌生。例如，在报纸的商业版上有股价图，在医院的监视器上有心电图。但在 17 世纪，图形的概念还非常新颖。

曲线图是两个变量之间关系的直观表达：例如股价与时间之间的

关系，或者电势与时间之间的关系。某种规则或过程把一个变量（例如时间，以 t 表示）作为输入，产生另一个作为输出的变量［例如股价，以 $f(t)$ 表示］。就实际生活中的例子来说，这一规则的本质并不总像我们上面给出的例子那样明显。然而，经典数学家们对股价和心电图并没有什么兴趣。他们的兴趣所在是圆、抛物线、椭圆、螺旋线这类曲线。在精心选取了坐标轴之后，数学家们经常有可能对这样的曲线写下一个数学表达式 $f(t)$，其图形就是他们希望看到的曲线。

下图　彩色铜版刻画：莱布尼茨（1646—1716），德国哲学家、数学家。

求切线和求积这两个古代难题现在更容易解释了。一条曲线的切线的斜率实际上就是那个图形所代表的函数的变化率的隐藏版本。例如，假定你驾车出去旅行，并在每过一阵之后记录里程表上你走过的距离［不妨称之为 $F(t)$］及同一刻速度表上的车速［不妨称之为 $f(t)$］。这样，如果你 12：00 出发，1 小时的行程为 60 英里，则 $F(1:00)=60$ 英里。如果你在下午 1：00 的车速是每小时 30 英里，则 $f(1:00)=$ 每小时 30 英里。

E49.05 GOTTFRIED WILHELM von LEIBNEZ (1646-1716).
redit: The Granger Collection, New York

现在让我们比较时间 t 时的里程表读数与时间 t' 时的下一个读数。它们将在“里程表曲线图”上给出两个相邻的点。要找出时间 t 时图形 $F(t)$ 的斜率，你可以根据斜率的中学定义“高程除以底长”计算，将你在这一小段时间内走过的路程除以所用的时间。这和计算平均速度的方法完全一样！（例如，如果你在 3 分钟内走过 2 英里，你在这段时间内的平均速度就是每分钟 2/3 英里，或者每小时 40 英里。）因此，“里程表函数”在一段短时间内的变化率就是速度表函数相对于时间间隔的平均变化。

为以微积分的方式表达这一关系，我们只需要进行一项改变。即必须删去“在这一小段时间内”这几个字，代之以“瞬时”。里程表函数的瞬时变化率或微分即速度表函数。这看上去似乎只是一个微不足道的、几乎没什么意义的改变，但实际上，这是在整个论证中最为艰难的一部分，其他任何部分的艰难程度都远远无法与此相比。无论莱布尼茨或牛顿都没有完全证明这一步的合理性，而对“瞬时”这个词究竟代表着何种意义的争论一直在世界进入 19 世纪之后许多年还在进行。

但现在情况尚无定论，那让我们权且认为牛顿和莱布尼茨深刻地理解了这一问题，并转向第二个经典难题，即求和问题。这一次我们将专注于“速度表函数”——$f(t)$。首先我们再来选取两个时间 a 与 b，但这次它们用不着相距很近。我们这次的目标是求取在时间 a 与 b 之间 $f(t)$ 图形下的区域的面积（求积）。让我们略去解释，直接给出答案（如果有足够的勇气，你可以在任何一本微积分著作中读到解释）：“速度表函数”的求积即“里程表函数”。用微积分的行话来说，$F(t)$ 是 $f(t)$ 的积分。

就这样，牛顿和莱布尼茨引入了两个新的数学概念：解决求切线问题的微分；和解决求积问题的积分（但牛顿用的是与此不同的术语）。在某种程度上，这两种计算在过去都有人做过；积分从本质上说与卡瓦列里的“不可分割法”是同一种东西。但过去从来没有人意识到，微分与积分互为逆运算。里程表函数的微分就是速度表函数；速度表函数的积分就是里程表函数。

我们今天称这一逆运算关系为微积分基本定理。以下就是我们以公式形式写下的这一定理（实际上由两个公式组成）：

$$\int_a^b f(t)dt = F(b) - F(a)$$

$$与\ \frac{dF}{dt} = f(t)$$

第一个公式说，你可以对速度积分以求得旅行的距离 $F(b)-F(a)$。符号 $\int$ 即表示“积分”。第二个公式说，速度是距离的变化率或导数，符号 $\frac{d}{dt}$ 的含义就是求导。所以，如果你知道了 $f(t)$ 或 $F(t)$ 中的一个，你就可以求得另一个。

这就好像一个水手从欧洲向西航行去寻找中国，另一个水手从中国向东航行去寻找欧洲，而他们中途在巴拿马相遇握手。打个比方，第一个公式说，从欧洲西行可以把你带到巴拿马；而第二个公式则说，从中国东行也可以把你带到巴拿马。

为什么说这一发现开发了数学的新大陆呢？因为它最终让数学彻底掌握了连续变化的概念。还记得吧，自从芝诺提出了他著名的悖论以来，连续运动便一直让古希腊人困惑不解。在莱布尼茨和牛顿之前，数学家们一直被局限于静止的图像或者离散型数量的桎梏之内，连续运动与连续变化的数量之世界与他们绝缘。但整个现代科学都是关于变化的科学。数学家在微积分中找到了他们投身现代科学的必要工具。

右页图　在艾萨克·牛顿（1642—1727）的著作《流数法与无穷级数》（1736年伦敦第一版）中的插图。

微积分是一种极为实用的工具。在牛顿和莱布尼

Sensibiles sensibilium velocitatum mensuræ. *vid. pag. 273.*

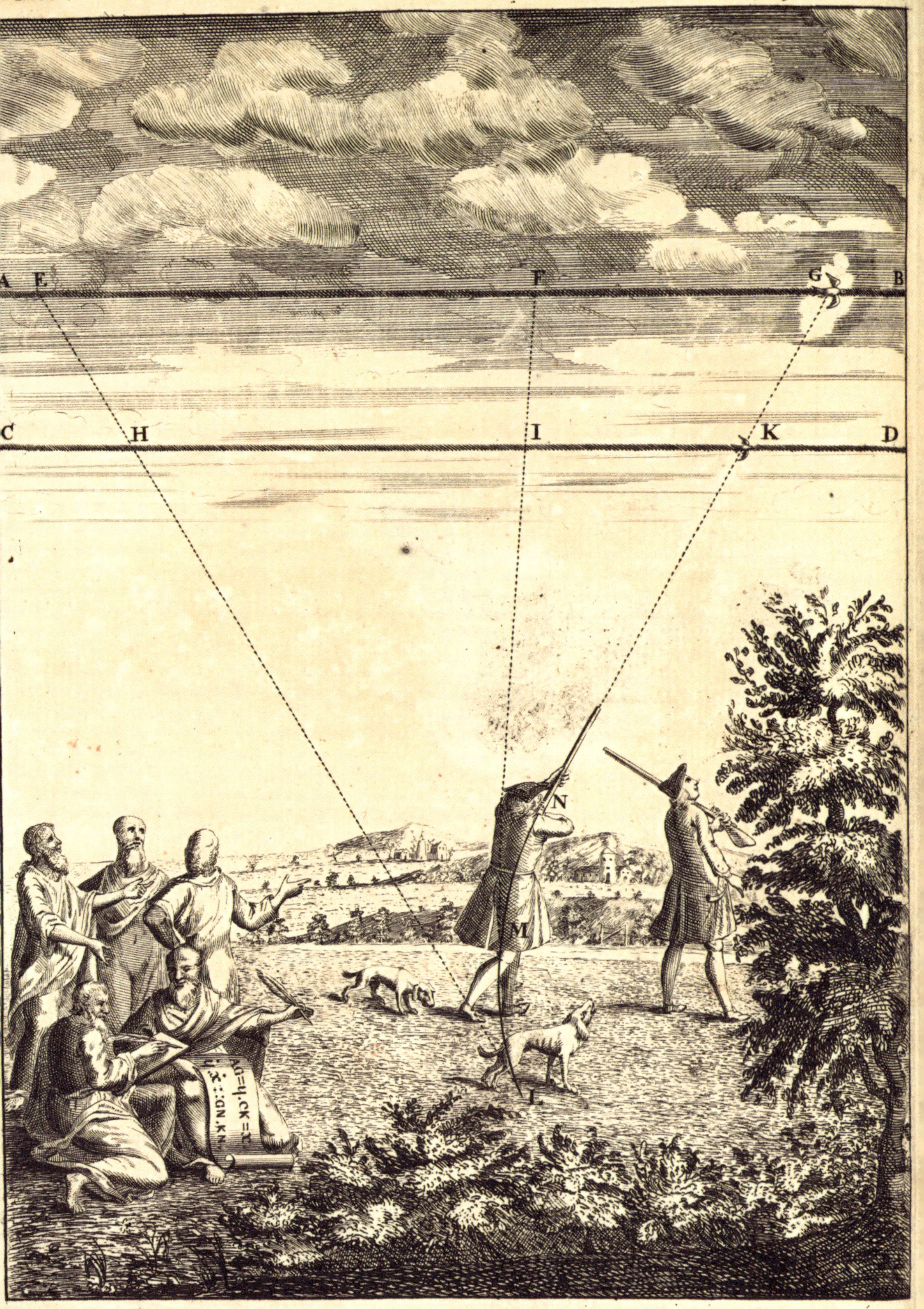

Τὰ κοινὰ καινῶς, τὰ καινὰ κοινῶς.

ACTA
ERUDITORUM
ANNO MDCLXXXIV
publicata,
ac
SERENISSIMO FRATRUM PARI,
DN. JOHANNI
GEORGIO IV,
Electoratus Saxonici Hæredi,
&
DN. FRIDERICO
AUGUSTO,
Ducibus Saxoniæ &c.&c.&c.
PRINCIPIBUS JUVENTUTIS
dicata.
Cum S.Cæsareæ Majestatis & Potentissimi Electoris Saxoniæ Privilegiis.

LIPSIÆ,
Prostant apud J. GROSSIUM & J. F. GLETITSCHIUM.
Typis CHRISTOPHORI GüNTHERI.
Anno MDCLXXXIV.

上图 《学术报告与活动年报，1684》（莱比锡，1684 年）的扉页。该年报中有戈特弗里德·威廉·莱布尼茨关于发现微积分的文章：《计算最大值与最小值的新方法》

茨之前，求积或计算斜率是一项麻烦得不可思议的过程。但让我们继续使用前面用过的类比——前往巴拿马有两条路线，这给我们带来的好处是，我们可以从中选择一条更为方便的路线。人们会相当经常地发现，两条路线中的一条要比另一条方便得多。

现在有了微积分，一个学习数学的学生花一个下午的时间就可以算出 π 的近似值，而且比阿基米德或者刘徽算出的更为准确。实际上，牛顿和莱布尼茨在发现了对 π 和其他常数的表达方式之后都非常快乐。前计算机时代数学家、工程师和天文学家不可须臾离开的对数表与正弦表现在可以轻而易举地通过计算得出，只要有耐心就能达到任何精确度。体积、面积和曲线的长度，这些让数学家们历经千百年冥思苦想的计算现在都可以循常规进行。甚至到了 17 世纪 30 年代，笛卡儿还曾写道：不可能找到与一条曲线等长的直线段。现在就连一个学生也能使用微积分完成这一工作。†

令人感到好奇的是，牛顿对于这一他称之为“流数”法的方法的讨论讳莫如深。他显然在 1664 至 1666 年间便发现了微积分基本定理，

† 我必须在此承认，一个在校大学生只能对相对不很多的曲线成功求长。然而，自 19 世纪开始且时至今日还持续的一种状况是：更为困难的问题，如对椭圆或双扭线求长，往往会导致深刻、优美的新理论。

但只是一鳞半爪地把他的工作给少数人看过。数学家尚待认识这一点：发表而不是秘藏成果，这才是最能让数学进步的必由之路。

当莱布尼茨在 17 世纪 70 年代开始考虑变化率和无穷加和时，他肯定已经从别人那里听到一些有关牛顿说他能够做些什么的风声，也就是说，牛顿说他能够计算无穷加和、面积、弧长等等。在 1673 到 1675 年之间的某个时刻，莱布尼茨也解决了微积分基本定理的问题。就在这时他与牛顿联系，想知道牛顿到底已经知道了些什么，并提出了某种交换信息的建议：你告诉我这个，我就告诉你那个。牛顿只给莱布尼茨回过两封信，他的回答小心翼翼。他在第二封信中透露了微积分基本定理，但把它隐藏在一个难以破解的字母易位字谜中。牛顿显然并不想与莱布尼茨分享他的发现。他只是要留下伏笔，一旦莱布尼茨以后说这一定理是他自己的，牛顿就可以此证明他才是第一个发明人。

遗憾的是，后来发生的事情正是如此。1684 年，莱布尼茨在一部题为《超新方法》的书中发表了他自己的微积分版本，而令人吃惊的是，牛顿一直拖到 1704 年才第一次公开叙述了他的流数法。随之而来的，是就谁是微积分的发明者的一次极为激烈的辩论。英格兰数学家支持牛顿，而欧洲大陆的学者则大多站在莱布尼茨旗下。每个阵营中的人都谴责另一方的领袖剽窃。现代史学家的共识是：他们都错了，但同时也都对。牛顿和莱布尼茨都没有剽窃行为，两人都独立地做出了同样的发现。牛顿无疑是第一个知道微积分基本定理的人，但正如我前面说过的，发现了美洲大陆却把它作为自己的秘密隐藏起来毫无意义。莱布尼茨是第一个告诉世人微积分的存在的人。部分由于这一原因，部分由于莱布尼茨的表述方法较为简单，所以我们今天使用的表述方法几乎完全是莱布尼茨的版本。没有什么人今天还在用“流数”和“流动”，这些词和牛顿一起离世了。

11
关于苹果、传说……以及彗星
牛顿定律

问问大多数人，看他们知道有关牛顿的什么事情，你很可能会听到他们告诉你一个苹果从树上掉下来的故事。根据传说，牛顿在看到一个苹果掉下来时受到启发，意识到或许也可以用同一种力来解释行星的运动，从而构思了他的万有引力定律。而且后来的人们添油加醋，说牛顿或许是因为苹果砸在他的脑袋上才受到启发的。

还有一个同样未经证实的传说则与此相反；该传说于 1858 年第一次诉诸文字，是在英格兰一个名叫《注释与询问》的有趣杂志上首次披露的。根据一位名叫“W”的作者陈述，当时最负盛名的数学大家卡尔·弗里德里希·高斯[40]以如下方式否定了前面一个传说：“有关苹果的历史实在太荒唐了。事情无疑是这样发生的：有一次，一个喜欢纠缠不休的糊涂人找上了牛顿，一定要牛顿告诉他，引力定律这一伟大成果是如何被‘一举命中’的。牛顿发现眼前这人其蠢无比，就想快点摆脱他。于是牛顿告诉他，这是因为有一只苹果‘一举命中’了他的鼻子；这家伙一听就立刻全明白了，然后便满意地走了。”

人们应该怎样理解这类传说？实际上，苹果这一故事的内容比高斯意识到的更多（如果他的上述引言是真的话）。

$$F = ma$$

$$F = \frac{GMm}{r^2}$$

第一个等式是牛顿第二运动定律，第二个等式是牛顿万有引力定律。F在这两个等式中都代表力。符号a代表质量为m的物体的加速度。在万有引力定律中，F特指质量分别为m与M的两个物体之间的引力，而r代表这两个物体之间的距离。G是万有引力常数，其值为$6.672 \times 10^{-11} m^3 kg^{-1} sec^{-2}$。

这一故事可由两个来源加以证实，其一是著名的法国作家伏尔泰，他亲耳听牛顿的侄女说起。很难说他跟高斯想象中的“喜欢纠缠不休的糊涂人”有什么相近的地方！人们或许会把这个故事想象成实际发生的状况经过高密编码之后生成的版本。如果你不知道密码，你就会看到一个高斯如此强烈否定的卡通片式故事。

是有一棵苹果树吗？不错。这棵树就在英格兰的乌尔索普，在艾萨克·牛顿家的老宅田产内。他在那里一直住到1661年，然后去剑桥三一学院就读。而最重要的是，1665年，英格兰爆发了最后一次大瘟疫，是年牛顿回返故乡，并在田园静谧中度过了差不多两年时光。就在这期间，他发展了微积分的基础，并开始思考行星运动的问题。牛顿写道：“那时我正处于发明创造的高潮；我对数学与哲学的关注超过了那以后的任何时候。”

然而牛顿并不需要一个掉落下来的苹果来启发他，关于这一点高斯完全正确。这一问题的历史何止千百年，牛顿肯定是受到了这一问题本身的启发。月球、太阳和行星是否需要某种外部力量让它们运动？

如果需要，那又是什么呢？亚里士多德认为，构成天体的物质与地球不同，而且它们的自然运动轨迹是圆形的。开普勒认为需要一种推动力才能让行星保持在轨道上。笛卡儿或多或少赞同这一点；在他精心发展的理论中，宇宙是由旋流组成的；是这些旋流扫过了在轨道上运行的行星。作为一位青年学者，牛顿会对当时主要的科学辩论之一给予热情的关注，这是天经地义的。他设计了一个体系，在这一体系中，苹果与行星受到了同样的力作用。（因此苹果才会有如此重要的地位！在这一点上牛顿并没有苟同亚里士多德。）让人注目的是，行星也始终在自由下落；它们并不需要推动力。（在这一点上牛顿没有苟同笛卡儿和开普勒。）

右页图　艾萨克·牛顿于1668年制造的第一台反射式望远镜；图中背景是牛顿的《自然哲学的数学原理》手稿。

虽说苹果这个故事有一定的价值，但它无法解释牛顿最后是怎样让整个科学界接受了他的理论的。他的杰作，《自然哲学的数学原理》（经常按其拉丁名简称《原理》）对物理学的重要意义等同于欧几里得的《几何原本》对几何学的意义。在该书开宗明义第一部分中，牛顿就叙述了三个公理，即世间万物的运动遵循的三个定律，无论它们是苹果或者是卫星。后来他又加上了万有引力定律，这一定律定量说明了物体是怎样通过引力相互吸引的。单从这些原理出发，他证明了行星围绕太阳的运动服从开普勒三定律。

其实，开普勒第一定律或许就是牛顿写作《原理》的主要原因。其他几位物理学家，其中尤其是牛顿的竞争者罗伯特·胡克[41]，以及建筑师克里斯多菲·雷恩[42]、荷兰物理学家克里斯蒂安·惠更斯[43]，已经在17世纪80年代初摸到了“牛顿”万有引力定律的门槛。但他们无法证明这一定律是让行星的轨道呈椭圆形的原因；他们只能应付数学上简单得多的圆形轨道的情况。1684年，牛顿的朋友埃德蒙顿·哈雷[44]问牛顿能否证明行星的轨道是椭圆。牛顿说他能，然后哈雷便用尽了千条妙计，最终说服牛顿发表他的论证。三年后结果发表，但这远远超出了解决一个问题的水平；它为将来的一切物理学书籍定下了基调。

哈雷慷慨解囊，为牛顿巨著的付印支付了部分费用；他的这一义举最终以一种非常独特的方式得到了回报：除了对苹果和行星以外，牛顿的理论也可应用于彗星。其实这正是牛顿本人强调指出的一点。因为彗星的轨道是椭圆，所以它们一定会一次又一次地回归。哈雷意识到，人们曾多次观察到一颗特定彗星，它以大约 75 年的周期回归：1456 年、1531 年、1606 年和 1682 年。于是他正确地预测了这颗彗星将会在 1758 年（那时他早已离世）再次回归。从那时起，这颗彗星每隔 75 至 76 年就会回归一次，人们现在称它为哈雷彗星。

牛顿第一定律说运动物体将永远保持匀速直线运动，除非有外力将其停止或者改变其运动方向。乍听起来这似乎相当令人吃惊：不管怎么说，高尔夫球不会永远向前，行星的运行轨道也不是直线。在这两种情况下，原因都出在作用在物体身上的外力上面。作用在高尔夫球身上的外力是地球的吸引力、在空中时风的阻力、落地后与地面的摩擦力。对于行星来说，这个看不见的力是太阳的吸引力。

牛顿第二定律称，作用在物体上的力等于其动量的变化率。我们可以用微积分的语言将其写为

$$F = \frac{d}{dt}(mv)$$

回想一下，$^{d}/_{dt}$ 代表变化率，而 mv（其中 m 是物体的质量，v 是其速度）代表动量。在绝大多数实际条件下，物体的质量不会改变；在这种情况下牛顿第二定律即为 $F = ma$（即力等于质量乘以加速度）；今天，每一个开始学习物理的学生对此都耳熟能详。

牛顿第三定律为：“对于任何一个作用力，都存在着一个与它大小相等方向相反的反作用力。”物理学家们不像使用前两个定律那样

经常使用这一定律，但它能解释许多现象，其中包括火箭为什么能工作。火箭通过喷嘴喷出推进尾气，因此产生了反作用力：这使火箭具有相反方向的加速度。

这三大定律共同解释了所有的力是如何影响一切固体的运动的。另一方面，牛顿引力定律只能应用于一种力：引力。这一定律称，在质量分别为M与m的两个物体之间存在的引力的大小为：

$$F=\frac{-GMm}{r^2}\hat{\mathbf{r}}$$

分母r^2 表示引力的强度与行星和太阳之间的距离r的平方成反比。（这是胡克、雷恩和惠更斯已经猜到的部分。）负号与矢量$\hat{r}$（读作“r-帽”）表示力的方向指向太阳。换言之，开普勒和笛卡儿是错误的。并不存在沿着轨道推动行星运行的力，而只是一个侧向的引力，即朝向太阳的引力。

牛顿真正独树一帜的成就是他运用微积分[‡]，把引力定律和他的运动定律结合，从而建立并随之解决了描述行星轨道的方程的能力。当人们不仅可以观察，而且可以预测和控制行星的运动，以及最终可以观察、预测与控制火箭与宇宙飞船的运动的时候，牛顿的物理洞察力与数学工具便一起引导了天体动力学新时代的来临。

‡　经常有人认为，牛顿刻意避免在《原理》一书中使用微积分，而是用欧几里得几何的方式重新书写了其中所有的证明。诚然，他避免使用微积分的形式，但在他的著作中处处都有微积分的思想在闪光。

12
伟大的探索者
欧拉定理

1988年，《数学信使》杂志组织了一次推选史上最优美数学定理的投票。令人吃惊的是，中奖名单前五名中有四项定理都是由同一个人证明的：莱昂哈德·欧拉。甚至更为引人注目的是，人们可以轻而易举地选出其他五六项欧拉证明的定理，它们也足以荣膺这一殊荣。实际上，欧拉写下了八百多篇论文和大约五十部书籍和专题报告。欧拉在圣彼得堡度过了他生命的最后十七年，那里的科学院无法跟上他著书立说的速度，以至于在他去世后五十年间一直都还在发表他的文章！

1707年，莱昂哈德·欧拉生于瑞士的贝塞尔；尽管他从二十岁以后就再也没有踏足他的故乡，但终其一生他都以自己的祖国与家乡为荣。他有幸于这样一个年代成年：数学开始走出了学者追求的象牙之塔，转而成为一项职业。英格兰的皇家学会于1660年创建，不久之后，法国科学院也在1666年旋即成立。在从法国归国后，戈特弗里德·威廉·莱布尼茨力劝国王腓特烈一世[45]于1700年成立普鲁士科学院。到了18世纪20年代初期，当俄国沙皇彼得一世[46]在彼得堡建立他的新首都时，一座科学院对于皇廷来说已经是必不可少的流行风尚了。君主们已经开始认识到，数学家与科学家可以在建设他们的国家的基础设施与军

$$e^{ix}=\cos(x)+i\sin(x)$$

数字e＝2.718281828459045……是自然对数函数的底，也是数学中除π之外最为无所不在的常数。字母i代表虚数单位，$i=\sqrt{-1}$。函数cos和sin分别是余弦函数与正弦函数。

事武库方面发挥重大作用。

1724年，彼得一世成立了俄国科学院，并邀请一些外国科学家迁居来到他刚刚落成的新首都。当时，作为数学家，能够在瑞士得到的机会是十分有限的，所以欧拉抓住了这一机遇。在他在俄国居住的第一段时间（1727—1741）里，欧拉在整个欧洲声名鹊起。1735年，他计算了一个表面简单但却从来无人能够算出结果的无穷和式：

$$1+\frac{1}{2^2}+\frac{1}{3^2}+\frac{1}{4^2}+\dots$$

并证明这一和式等于$\frac{\pi^2}{6}$，从而一举震惊了数学界。

乔治·波利亚[47]在他1954年出版的《数学与合情推理，第一部分》一书中以大师级别的技巧解释了欧拉的论证过程。对于熟悉三角并有一些无穷级数知识的读者来说，这是详尽说明数学天才（波利亚与欧拉皆在此列）思考方法的最佳例子之一。

欧拉的成就接二连三。他的《力学》一书出版于1736年。该书让力学突破了欧氏几何的领域——是牛顿力学将之放入了这一领域，但它在那里无法大展身手——用合适得多的微积分语言重新诠释了力学。1738年欧拉首次赢得巴黎国际数学大奖赛*。在此期间，欧拉首创了今天所有数学家都在使用的表示法：用 e 表示自然对数的底数、用 i 表示 $\sqrt{-1}$ 、用 $f(x)$ 表示函数。

遗憾的是，在安娜女皇[48]于1740年去世之后，一股反对外国人的浪潮逆袭而来，这些外国人本是彼得大帝本着“打开一扇通往欧洲的窗户”的愿望邀请而来的。欧拉发现他越来越无法守住自己的阵地，于是便接受了来自普鲁士皇帝腓特烈二世[49]的邀请，成为设在柏林的科学院的成员。

如果说，欧拉在圣彼得堡是一颗前途无量的新星，在柏林的欧拉便成长了起来，变成了一位能力达到了巅峰的成熟科学家。在此期间，除了进行其他工作以外，欧拉重新启动了数论研究，再次证明了费马声称他已经证明了的绝大部分定理（当然，最后定理不在此列）。他找出了让牛顿运动定律适用于流体的方法，他所得到的方程至今仍被称为欧拉的流体力学方程。他出版的书籍涉猎甚广，从微积分到海军科学，无所不包。他甚至研究了天体物理学中一些一直令人困惑的不解之谜。

右页图　手工着色的瑞士数学家欧拉雕刻像，约1770年。

尽管欧拉的学术事业在柏林蓬勃发展，但他唯一无法令其满意的却是他的老板。脾性多变的腓特烈二世是一个醉心于浮华与文雅、特别是法国文化的君主，他无法在自己的皇廷内容忍一个喜怒不形于色的瑞士数学家。尽管他也承认欧拉“甚有用处”，但腓特烈把欧拉比作一个多立克柱[50]，说他“除了优雅之外一无所长”。还有一次他写信给伏尔泰，口气相当不善地声称：“我们这儿有一位伟大的库克洛普斯[51]数学巨人。”这指的就是欧拉右眼失明这件事。欧拉渴望能成为柏林科学院的院长，但很显然，在腓特烈二世统治下的普鲁士，这

* 在远超一百年间，数学界最大的荣耀当属在由国家科学院组织的国际竞赛上获奖。这种竞赛以特定题目征集论文。欧拉于1738年以一篇有关火的本质的论文第一次赢得了巴黎国际数学大奖赛，其后又赢得了另外十一次（当然，这也是一项最高纪录）。

LEONARD EULER.

METHODUS
INVENIENDI
LINEAS CURVAS
Maximi Minimive proprietate gaudentes,
SIVE
SOLUTIO
PROBLEMATIS ISOPERIMETRICI
LATISSIMO SENSU ACCEPTI
AUCTORE
LEONHARDO EULERO,
Professore Regio, & Academiæ Imperialis Scientiarum PETROPOLITANÆ Socio.

LAUSANNÆ & GENEVÆ,
Apud MARCUM-MICHAELEM BOUSQUET & Socios.
MDCCXLIV.

种事情永远不可能发生。于是他在1766年接受了俄国女皇卡特琳娜二世[52]的邀请重返俄罗斯。

甚至在他生命的最后年月里，欧拉的工作力度仍未稍减，尽管1771年的一次不成功的白内障手术几乎让他完全失明。由于内部权力之争，他逐步从圣彼得堡科学院内淡出；然而，在他去世的那年，即1783年，叶卡特琳娜·塔什科娃公主[53]入主科学院时坚持让欧拉与她一起到任。当她知道紧靠着她的座位已经有人占用时她写道："于是我转向欧拉先生，请他在他认为合适的任何地方就座，因为无论他坐在哪里，那里都是首席。"欧拉终于找到了一个欣赏他的地方。

上图　莱昂哈德·欧拉的著作，《寻找具有某种极大或极小性质的曲线的技巧》扉页，1744年第一版。欧拉在这本书中首创变分法。

两百年后，数学家们仍然对他有着崇高评价。让我们看一下《数学信使》的读者将之评为有史以来位列前五的那四个欧拉定理：

$e^{i\pi}+1=0$（也可写为$e^{i\pi}=-1$）无疑是数学上最为矛盾的命题之一；人们经常把它写成前一种形式，因为有人说，这一等式让数学上5个最重要的常数齐聚一堂：0、1、π、e 和 i。

这就是 "有史以来最优美的等式"的真正含义。微积分最重要的函数或许就是指数函数 $\exp(x)$，因为这是唯一一个导数和积分都是它本身的函数。它的名字取得也很有灵性，因为这一函数的值是数字 $\exp(1)$ 的所有幂，比如 $\exp(2)=(\exp 1)^2$，$\exp(3)=(\exp 1)^3$ 等。为节省空间，我们可以像欧拉一样，把 $\exp(1)$ 写为 e。然后，一个看似一派胡言的数字 e^{π}（π 个 e 自乘，无论这代表的是什么）可以定义为 $\exp(\pi)$ 。因为 $\exp(x)$ 这一函数是用微积分定义的，它可以用微积分计算。于是我们可以确定 $\exp(\pi)=23.1406\cdots\cdots$

但某数的虚数次幂又是什么意思呢？我们怎样才能把 23 或者实际上任何其他数字自乘 $\sqrt{-1}$ 次？这肯定是数学的失控。要解决这一问题，窍门还在于函数。欧拉知道一种把 $\exp(x)$ 写成无穷和式的方法。通过这一方法，欧拉很容易地就用 ix 代替了 x，同时他注意到 $i^2=-1$，$i^3=-i$，$i^4=1$，以此类推。其结果就是：

$$\exp(ix)=1+ix-\frac{1}{2}x^2-\frac{1}{6}ix^3+\frac{1}{24}x^4+\ldots$$

把不带有 i 的项与带有 i 的项分离，欧拉立刻认出了在微积分中重要性位居榜眼探花的函数：正弦函数与余弦函数：

$$\exp(ix)=\cos(x)+i\sin(x)$$

这是欧拉本人认为重要的公式！这一公式在欧拉著于 1748 年的微积分教程中占据了重要地位。无论在那本教程中，或者是在任何其他地方，欧拉都没有写下那个冠以他名字的公式：$e^{i\pi}=-1$。欧拉很清楚：微积分是关于函数的，不是关于数字的。然而，他终究可以通过最后一步将 $x=\pi$ 代入公式，从而很容易地获得他的公式的“数字形式”。代入后即可得 $e^{i\pi}=\exp(i\pi)=\cos(\pi)+i\sin(\pi)=-1+0i=-1$。

当然，俗话说，情人眼里出西施——优美与否是观看者的主观判断。《数学信使》的读者更喜欢数字公式，因为这一公式把数学的 5 个基本常数联系在一起。但人们也可以争辩，说带有 exp、cos 和 sin 的公式形式要优美得多，因为它把微积分的三个最为重要的函数联系在一起，而这些函数同样是人们研究了千百年的课题。而且，这一公式解释了 $e^{i\pi}=-1$ 的含义，舍此这一公式的意义令人如在五里雾中。毋庸置疑，一项能让人更好地理解数学的公式比那些只会令人困惑莫名的公式要优美得多。

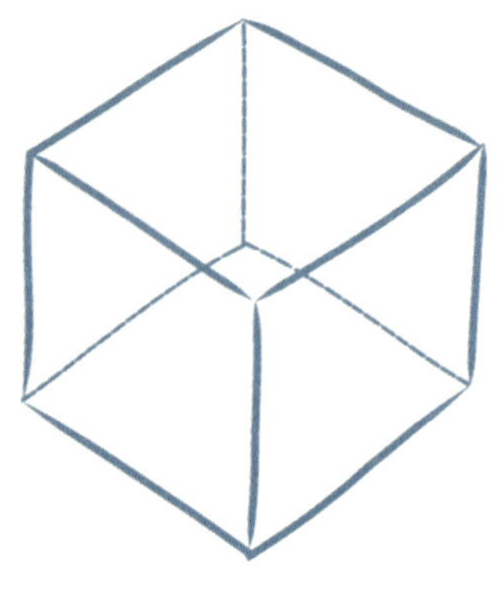

上图　一个立方体有8个顶点、12条棱和6个面。

V － E ＋ F ＝ 2。在《数学信使》“优美公式榜”上屈居次席的这一公式给出了任何多面体的顶点数（V）、棱数（E）和表面数（F）之间的关系。例如，立方体有 8 个顶点、12 条棱和 6 个表面；很显然，8 － 12 ＋ 6 ＝ 2。后来人们发现，这一公式有着欧拉所不知道的例外。例如，对于油炸圈饼状的多面体来说，它们的 $V-E+F=0$，而不等于 2。以事后聪明的观点看很清楚的是，这一公式是一个名为拓扑学的数学新分支的开始，这一学科在 20 世纪发展迅猛。数字 $V-E+F$ 现在称为欧拉示性数；它是一个“拓扑不变量”，用以区分不同的二维表面。球状表面的欧拉示性数永远为 2；油炸圈饼状表面的欧拉示性数永远为 0；扭结饼干状表面的欧拉示性数永远为 -4，如此，等等。

质数的无穷范围。这是欧几里得知道的一项古代发现，但欧拉发现了一个根本不同的证明；并不出人意料的是，这一证明运用了他十分喜爱的函数与无穷级数概念。该证明运用了 ζ 函数：$\zeta(x)=1+1/2^x+1/3^x+1/4^x+\cdots\cdots$欧拉证明，这一无穷和式也等于欧拉乘积：

$$\zeta(x)=\frac{1}{\left(1-\frac{1}{2^x}\right)\left(1-\frac{1}{3^x}\right)\left(1-\frac{1}{5^x}\right)\left(1-\frac{1}{7^x}\right)\cdots}$$

上式分母部分中的乘积囊括了所有质数 2，3，5，7，……对于数论学家来说，欧拉乘积或许是人们有史以来发现的最重要的公式。今天我们知道的有关质数分布的大部分知识来自对 ζ 函数的细心研究；我们将在后面讨论这一问题。

贝塞尔问题。最后要说到的是欧拉的第四个等式，它在上述名单中名列第五：

$$1+\frac{1}{4}+\frac{1}{9}+\frac{1}{16}+\ldots=\frac{\pi^{2}}{6}$$

如前所述，这一公式铸就了他的名声。细心的读者会注意到，等式的左边其实就是 ζ(2)；或许他们甚至会想，等于 ζ 函数的欧拉乘积会不会跟这一公式有什么关系。就我所知，两者之间并无联系。实际上，欧拉是从一个正弦函数的无穷乘积表达式中得到这个公式的，与 ζ 函数无关。

《数学信使》的名单可能或多或少偏向于纯数学。在这一名单上，可以找到非数学用途的公式不很多。这很遗憾，因为欧拉对于二者都很精通。他发展了第一套流体力学理论；他甚至研究过船帆的最佳位置，这在当时是非常重要的实际问题。有两种数学，一种是纯粹为了它自身的优美而产生的数学，另一种是为解决实际问题而产生的数学；很难说欧拉是不是能看到这二者之间有多大差别。

最后，正如数学史学家杰里米·格雷[54]指出的那样，欧拉对数学最重要的贡献之一完全不是一项等式。在前面的叙述中我们看到，由于数学家们出于种种原因不乐意分享他们的秘密，结果造成了许多争议，从而使数学的进展遭受了许多挫折。这一点无论菲尔洛、塔尔达利亚、伽利略、费马和牛顿都如出一辙。欧拉是一个光辉的特例。他发表了大量著作；他不介意退居二线而把荣誉让与他人；他发表论文的数量与质量经常超出了人们的预期。他以实际行动作为他们的榜样，带领他人前进，并对数学得以发展到今天的状况做出了贡献：今天的数学是一项职业，有关数学的信息不存在专利，而是公之于众，供大家分享（除去某些不寻常的不幸例外）。

第三部分

普罗米修斯[1]时代的定理

如果你有幸前往爱尔兰的都柏林，

你一定要乘巴士前往布鲁姆桥路，在皇家运河下车。也许你还没有意识到这一点，但你已经来到了史上最著名的数学涂鸦所在地。

如果你站在街道上，那座让这条街得名的石桥看上去很小，也看不出什么特色；但如果你走下街道，来到与运河的水道齐平的地方，而且走到桥的西端，你就会在大批大批现代人用喷漆涂鸦的潦草字迹中间发现一块饰板，上面写着这样的铭文：

"就在威廉·若宛·汉密尔顿爵士[2]于1843年10月16日走过这里的时候，他天才的灵光一闪，发现了四元数乘法的基本定理 $i^2=j^2=k^2=ijk=-1$，并把它刻在这座桥的石头上。"

说实话，没什么人知道汉密尔顿是不是真的把他的公式刻到了布鲁姆桥上。这个故事起源于许多年后他写给他儿子阿奇博尔德的一封信。跟许多家族故事一样，这件事也很可能是经过加工的。然而汉密尔顿因为发现了四元数而兴奋莫名，这一点倒应该是确凿无疑的。他认为四元数是他一生事业的巅峰。

汉密尔顿痴迷于他的这一创造，这让他穷其一生来研究这些等式。在一百多年后回顾这一段历史，我们可以看出，这一发现实际上是数学史上的一个转折点，但其方式之微妙绝非汉密尔顿当时所能够预料的。四元数完全出自一个人的想象之中，是新代数的第一个例子。这一步骤与其他数学家对于新几何和新函数的发现几乎同步，这些发现共同作用，把数学家从传统的结构与束缚中解放了出来。有史以来第一次，数学家们可以在物质世界之外探险，他们可以自由自在地发明一个全新的世界。

19世纪之前只有一种代数和一种几何。在数学家们的头脑中，发明任何不同的东西的想法几乎根本就不存在。确实，“数字”的概念在千百年中逐步招降纳叛：它首先收编了无理数，然后容纳了零和负数，最后又把虚数召入帐下。但这些都是人们费尽千辛、经过多次辩论后才勉强接受的“新军种”。人们接受了它们，只是因为它们的作用无可替代。与此类似，微积分是一项革命性的新方法，但它也并没有创造新的几何。牛顿关于空间的概念与欧几里得的概念毫无差异。

19世纪改变了这一切。无论对数学还是对整个外部世界，这都是一个革命的时代。自法国革命始，欧洲社会破旧立新，荡涤了陈旧的政治体系并以崭新的形式取而代之。与此类似，数学家们也开始试图建立新的结构，这些结构将与千百年来他们使用的公理直接对立。这是一个玛丽・雪莱[3]能够创作小说《弗兰肯斯坦》的时代——书的主角是一位警告科学家不要以上帝自居的现代普罗米修斯。和弗兰肯斯坦医生一样，数学家们也成了现代的普罗米修斯，虽然他们创造的并非有血有肉的生命。

汉密尔顿或许会因这一发展而哀叹。他的社会观点是保守的；他置身于爱尔兰这块在英格兰王朝统治下辗转呻吟、忍饥受苦的土地，但却支持英格兰王权。在数学上，他发明四元数是为了理解欧几里得空间，而不是为了创造新的代数。但尽管如此，革命的爆发经常是由那些对自己正在做些什么一无所知的人点燃引线的。

13

新的代数

汉密尔顿与四元数

威廉·罗恩·汉密尔顿生于1805年。他是一位神童，十岁时就通晓所有欧洲语言、希伯来语、拉丁语、希腊语和其他语言。终其一生，汉密尔顿都是一位热情的业余诗人，而且是英格兰诗人威廉·华兹华斯[4]的密友。正是华兹华斯体贴而又睿智地劝导汉密尔顿：献身科学——而不是诗歌——，他能为这个世界带来更为美妙的东西。

1827年，尽管他大学还没毕业，汉密尔顿就被委任为爱尔兰皇家天文学家！这一任命更多起因于他对于光学的研究，而不是他对于天文学的兴趣。他还是在校大学生时便就光学问题发表过论文，五年后他更因发现圆锥折射而名噪一时。某些具有双折射性能的晶体可以将一束光线分裂为两束不同的光线。汉密尔顿用数学方法证明，如果入射角刚好合适，入射光线将不会被分裂为两束，而是会被分裂为一个中空的光锥。同年晚些时，汉弗莱·劳伊德[5]在他的实验室里证实了圆锥折射的存在。新的物理现象首先通过纯数学方法预测，然后通过实验得到证明，圆锥折射是第一批这种现象之一。取得这一突破之后，汉密尔顿不再只是一个神童；他加入了大不列颠科学英雄的行列。

四元数是汉密尔顿的另一项重大发明，它的发明历史远比圆锥折射

$$i^2 = j^2 = k^2 = ijk = -1$$

i，*j*，*k*代表单位虚数。多个单位虚数可与实数相加组成四元数$a + bi + cj + dk$。然后可用上述乘法法则唯一地定义两个四元数的乘积，在继续进行一番工作后也可定义它们的商。

更为漫长与奇特得多。时当 1830 年前后，汉密尔顿开始寻找三数组相乘的方法。此时人们已经证明，数字对即复数的乘除法不仅可能，而且成了数学的一个重要组成部分。任何两个这样的复数对，比如（$a + bi$）和（$c + di$），都可以通过代数规则和神奇的恒等式$i^2 = -1$相互乘除：

$$(a+bi)(c+di) = ac + bci + adi + bdi^2 = (ac - bd) + (bc + ad)i。$$

$$\frac{1}{(a+bi)} = \frac{(a-bi)}{(a^2+b^2)}。$$

但进行三数组乘法还有另外一个目的。汉密尔顿知道复数乘法含有几何意义，即代数运算“乘以 *i*”等同于几何运算“逆时针方向转动 90 度”。更普遍地说，“乘以（$a + bi$）”这一运算可以分解为两部分：一次转动和一次放大。这种解释褪去了复数身上笼罩着的许多神秘光环。让有些人想象一个平方为 -1 的数或许颇有难度，但谁都知道，90 度的转动连来两次就相当于一次 180 度的转动。不仅如此，这种描述也让复数乘法的可逆性一目了然。要取消“逆时针方向转动 72 度”这一操作，你只需顺时针方向转动相同角度即可。要取消“放大至 150%”这一操

作，你缩减到 67% 即可。

呜呼，复数受到如此限制，只能代表平面上的操作了。它们在放大平面照片上用场很大，但在三维客观世界内便乏善可陈。汉密尔顿确信，必然存在某种三维代数，它会如同复数的二维代数一样威力强大。但直至 1842 年他都对此苦思而不得其解。让他的一切努力统统以失败告终的绊脚石是除法。无论他如何定义三数组乘法，他都无法对它们进行除法操作。

命定的一天终于到来。那个星期一，汉密尔顿漫步跨越了布鲁姆桥。尽管他的计算一定已经把他朝这个方向指引，但只在这时他才突然意识到：向三数组内引入第四个数会让除法与乘法同时成为可能。

上图　都柏林市布鲁姆桥上纪念汉密尔顿的四元数等式的饰板。

于是，汉密尔顿宣布：可以定义 i，j，k 三个单位虚数，它们之间的乘法遵循如下规则：

$$i^2 = j^2 = k^2 = -1$$
$$ij = -ji = k, jk = -kj = i, ki = -ik = j$$

然后人们就可以在任意两个四元数（$a + bi + cj + dk$）和（$w + xi + yj + zk$）之间遵照代数的正常规则进行加减乘除四则运算了。自然，除法是其中最令人头疼的运算。结果人们发现，$1/(a + bi + cj + dk)$ 等于 $(a - bi - cj - dk)/(a^2 + b^2 + c^2 + d^2)$；这一点可以通过两边同时乘以（$a + bi + cj + dk$）加以验证。根本不要去考虑 i、j、k 的意义，只要照此办理，你会发现一切运转正常。

这样一个无法无天的普罗米修斯式行动在数学上几乎是史无前例的。汉密尔顿的同事们目瞪口呆，尽管他们完全挑不出新理论的任何毛病。汉密尔顿的朋友约翰·格雷夫斯[6]写道：“这一理论中还有些东西让我十分为难，对于我们可以在创造虚数上具有多大程度的自由以及可以在多大程度上赋予它们超自然的性质，我还没有一个清醒的认识。”

为劝导他人接受四元数的重要意义，汉密尔顿耗尽了他随后的二十二年余生。他写下了有关四元数的一部长达七百页的书，但随之确认该书过分艰深，于是又开始为大学生撰写一本较短的“手册”，但这本书长达洋洋八百余页，甚至在他去世时都未能完成。

然而，四元数还是因为一系列原因而不再受世人瞩目。首先，汉密尔顿是想为三维空间找到一种代数。那么四元数的第四维的意义何在呢？汉密尔顿争辩说，这可以用来代表时间*，为此他成了将时间与空间合并，使之成为单一“时空”的第一位科学家。但物理学还未成熟到需要这一概念的地步：这座时空大门的开启还将默默地等待 20 世纪的有缘人——爱因斯坦的来临。

对四元数的第二次打击是英格兰人奥利弗·亥维塞[7]和美国人约西亚·威拉德·吉布斯[8] 19 世纪 70 年代发展起来的矢量分析。亥维塞和吉布斯完全摈弃了虚数；他们简单地使用三数组（a，b，c）来代表空间的点，并称之为矢量。他们定义了两套不同的矢量乘法（点积与叉积），用以代替一套乘法。这两套乘法都是不可逆的；实际上两个矢量的点积甚至不是矢量而是实数。然而，尽管矢量看上去不那么优雅，但它们的实用性却足以弥补这一缺点。人们很乐意地接受了它们，用它们解决物理学与工程学上的难题。19 世纪 90 年代，四元数主义者与矢量分析主义者进行了多次争论，最后分析学家胜出。一个典型例子是开尔文勋爵威廉·汤姆森[9] 1892 年的尖锐评论：“来自汉密尔顿卓越工

* 在汉密尔顿的四元数中，空间三维 i，j，k 是虚数，而时间却是实数（即表达式 a + bi + cj + dk 中的数字 a），这真是一个绝妙的讽刺。真实的世界与虚拟的世界颠倒了位置！

作的四元数垮了。尽管它是独具匠心的优美杰作，但对以任何方式接触它的人（包括克拉克·麦克斯韦[10]）来说，它都是纯粹的不祥之物。”

矢量取胜的一个原因，是无论汉密尔顿本人或者他的追随者都没有真正理解四元数究竟是什么，因此他们试图用错误的方式使用之。正如复数代表几何学中的操作（平面上的转动与放大），四元数代表的是空间的转动与放大。因此它们并非矢量。矢量是转动在其上操作的平台。四元数是转动本身。

汉密尔顿从来没有理解其中的不同。把它与矢量相区别的这一任务留给了20世纪的一位数学家埃利·嘉当[11]，他把四元数命名为旋量（将于第四部分中讨论）。他的发现证明，汉密尔顿对四元数的信心是正确的，尽管后者没有把握它们的确切意义。人们需要谨记的关键点是，四元数确实是代表任何在三维空间中自旋的事物的最好方式。这中间包括质子、中子和电子，它们是组成我们物质世界的微小单元。当然，在汉密尔顿的时代，人们根本想都没有想过会有这些亚原子粒子存在。他在人们需要它之前差不多一个世纪就发现了这种数学。

但如上所述，四元数的一个直接效果就是解放了数学家的思想，让他们敢于思索其他种类的代数。四元数乘法违反了代数的一个过去无人质疑的法则。它不适用于交换律；这就是说，两个四元数的乘积与乘数的排列顺序有关。例如，ij 等于 k，但 ji 等于 $-k$。这是非交换代数第一个已知的例子。

汉密尔顿的朋友格雷夫斯很快就克服了他的不安，并发现了一种八元数代数。八元数甚至比四元数还更挑剔，因为三个八元数的乘积不但与乘数的排列顺序有关，而且也与其组合方式有关。如果 a、b、c 是实数、或复数、或者甚至是四元数，则 $(ab)c = a(bc)$ 都成立，但对于八元数来说，$(ab)c$ 通常并不等于 $a(bc)$。分组不同不影响运算结果，这

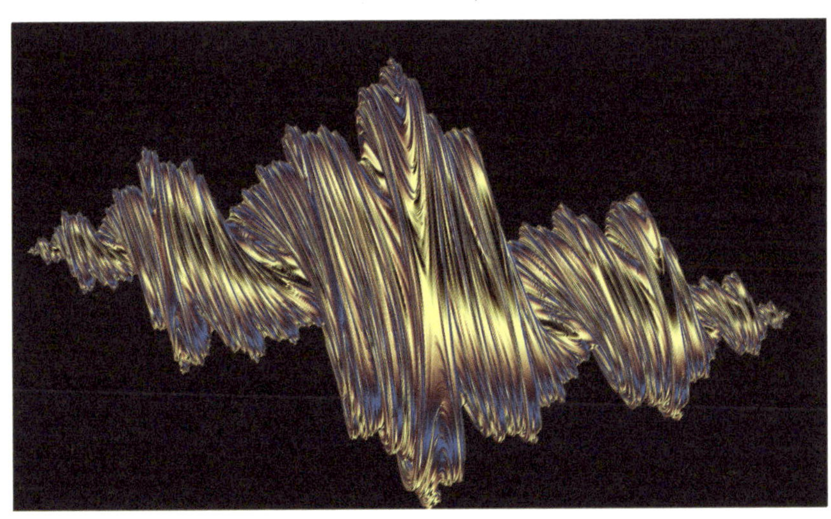

上图　利用计算机绘制、得自四元数空间朱利亚集合的四元数分形图像。

是数学家一直假设必有的性质，他们甚至没有意识到自己做出了这一假设；汉密尔顿必须为此创造一个新词：结合律。看上去似乎下一步会是十六元数代数。然而，每当维数增加一倍时就会有些牺牲。从二维到四维，人们丢失了交换律；从四维到八维，人们丢失了结合律；而从八维到十六维，人们就连除法也只得忍痛割爱。此时此地，汉密尔顿定义超复数的计划戛然而止，因为他一直坚持除法是必须有的运算。

其他数学家可没有这样的心理情结。泄洪阀一旦打开，任何事情都有可能。你可以找出由加法、减法、乘法三种运算组成的代数结构，并把它们叫作环；你也可以只要加法和减法，或者只要乘法和除法，并把这些叫作群；你甚至可以把运算缩减为一种，并把这样的结构叫作幺半群。人们有着这么多可供选择的代数结构，现在的问题不再是哪些结构是可能的，而是哪些结构值得研究。一个新结构会有助于解决已经存在的问题吗？它会有深刻的、富有挑战性的、有其固有美感的理论吗？以此两大标准衡量，有一种新的代数结构一直获得高分；这就是我们下面所要讨论的群的概念。

14

两颗流星

群论

19 世纪初期，数学失去了它的两个最为璀璨的少年天才，一个是年方 26 岁的挪威青年，另一个是只有 20 岁的法国才子。但除了他们的早夭，把尼尔斯·阿贝尔[12]和埃瓦里斯特·伽罗瓦[13]联系在一起的还有更重要的东西：他们一起对数学中最为经典的难题之一做出了确定的回答：卡尔达诺对于三次方程的公式是否有普遍形式（这一公式我们在第一部分 61 页中有所讨论）？在这一过程中，他们为数学创立了一个新的分支，我们今天称其为群论。

阿贝尔生于 1802 年，是一位乡村牧师许多子女中的一个。他的童年正值挪威政治动荡的年月，当时的挪威或多或少是人们在与拿破仑战争中的一颗棋子。在经过丹麦差不多三百年相对宽松的统治后，挪威于 1814 年短期独立，但同年晚些时候，议会投票表决臣服瑞典国王。阿贝尔的父亲曾两次入选议会；由于他持有支持独立的少数派观点，因此成了丑闻的替罪羊。在阿贝尔的父亲去世后，他迷醉于酒精的母亲与另外一个男人离家出走，把阿贝尔和他的兄弟姐妹们留在家中饱受贫困的煎熬。

幸运的是，阿贝尔的老师们认识到了他的数学天赋，并鼓励他发挥这一优势。到他结束了大学生活的时候，这些老师清楚地意识到，他在挪威

$$Gal(K/Q)=S_5$$

$Gal(k/\mathbf{Q})$ 代表在有理数 $\mathbf{Q}$ 上的多项式伽罗瓦群。S_5 代表5种物体的所有120种排列的群。只要一个多项式的伽罗瓦群等于 S_5，与之对应的多项式方程便无法用5种基本操作（+，−，×，÷与 n 次方根）求解。

国内能够找到的任何职位都远远无法让他充分发挥自己的能力。教授们力劝瑞典国王给阿贝尔两年奖学金，让他在欧洲主要的数学中心哥廷根（德国城市）与巴黎游学。阿贝尔从 1825 至 1827 年的长期游学之初相当顺利。他在德国遇到的第一批人中包括奥古斯特·利奥帕尔德·克雷尔，后者正在筹办一份名为《纯数学与应用数学杂志》（人们通常简称其《克雷尔杂志》）的新期刊。然而阿贝尔未能获得当时其他数学家带头人的重视，其中包括德国的卡尔·弗里德里希·高斯和法国的奥古斯丁·路易·柯西[14]与阿德利昂·玛利·埃·勒让德[15]。1826 年在巴黎游历时，阿贝尔把自己认为最重要的论文寄给了巴黎科学院，但柯西显然把它随便丢进办公桌的抽屉里搞丢了。这篇论文直到阿贝尔死后很久才在 1841 年得以发表。

当阿贝尔回到自己的祖国挪威时，他的其他论文已经开始在《克雷尔杂志》高频率连续发表并迅速走红。巴黎数学家们大惊失色：首先是因为他们读到了一个来自落后国家的不知名数学家的一系列突破性论文；然后他们又知道这位数学家其实到过巴黎；最后他们才搞清楚，这位数学家曾经试图向他们提交一篇论文而他们却把论文弄丢了！勒让德写信给阿贝尔表示歉意，并同其他三位数学家一起请求瑞典国王设法帮助“年轻的阿贝尔先生”，因为“他的工作表明，他具有最高层次的智慧，然而他却在奥斯陆患病，他的职位对于像他这样一个稀有而且早熟的天才来说实在微不足道”。

不幸的是，勒让德和其他人听说阿贝尔沉疴缠身，这一传言属实。1828 年，阿贝尔染上了肺结核，并于 1829 年 4 月去世；两天后，来自克雷尔的一封信姗姗来迟，告知他前者已经做好了安排，让他前往柏林担任大学教授。

至于埃瓦里斯特·伽罗瓦，他的故事也是因为不可思议的霉运加上水平低下的判断造成的。1811 年他在巴黎附近出生。显然他在中学里是一个让老师感到非常头疼的学生；老师用“想象力丰富”和“古怪”来形容他。17 岁那年他就多项式方程的可解性问题撰写了一篇论文，并把它寄给了柯西，也就是几年前遗失了阿贝尔的论文的那位柯西。伽罗瓦的论文也被丢失了，但这次却不是柯西出的错。“我实在无法想象会有这种粗心大意；这伙人的良心应该已经因阿贝尔之死而受到谴责了啊。”伽罗瓦后来如是写道。这一谴责当然完全不公正。尽管丢失阿贝尔的论文确实是个丑闻，但阿贝尔的去世完全不应该归罪于巴黎科学院，而且如上所述，他们甚至试图帮助阿贝尔。然而这种抨击却让我们得以对伽罗瓦的性格略窥一斑。他是一个反抗权威的人物；对于他来说，科学院就是暴政的象征。

1829 年，伽罗瓦加入了一个名叫《人民之友会》的革命组织。次年巴黎街头爆发了骚乱，查理十世[16]被迫逊位。诸如伽罗瓦一类极端共和主义者想要完全废除君主制，但由深得民心的拉法耶特侯爵[17]领导的温和共和主义者是民众的主流。他们任命路易·菲力浦[18]为法国的“公民王”，即一个受到宪法的法定限制制约的国王。

伽罗瓦无法参加 1830 年 7 月的革命，因为他是高等师范学院的学生，该校校长实际上把所有学生都锁在校园里。然而他在 1831 年毕业了，不再只能充当政治舞台下的看客了。那一年他两度被捕，其中一次是因为威胁要杀死路易·菲力浦王，另一次是因为在巴士底日[19]全副武装地参加了一次游行示威。他在监狱中得知，法国科学院拒绝发表他有关方程理论的最新论文。

上图　法国数学家埃瓦里斯特·伽罗瓦（1811—1832）的一份手稿的一部分。

1832 年 4 月伽罗瓦恢复自由，5 月底他便离世了。直到今天，人们还远没有弄清导致这一结果的事件的来龙去脉。一位史学家曾写过一本书，认为这是警察精心炮制的一次挑衅，而其他人认为事实并非如此。伽罗瓦本人在给他朋友们的信中以感人的笔触写道，他不得不为一个女人而参加一场决斗：

“我恳求我亲爱的爱国者朋友们，请不要责备我没有为祖国献身。我是由于一个声名狼藉的风骚女人和她的两个盲从者而死去的。说我是自杀的，那只不过是一个蹩脚的诬蔑而已……我本想把我的生命献给为了公众的伟大事业。原谅那些杀死我的人吧，因为他们也是出于良好的信念。”

在他写下这封信的第二天，5 月 30 日，他被一个男子开枪射中腹部。据作家大仲马[20]确认，开枪者是一个名叫德艾尔宾维尔的共和事业英雄。伽罗瓦的决斗对手任其倒在地上自生自灭。几小时后人们发现他时他还活着，但第二天就去世了。

设想阿贝尔与伽罗瓦如果有正常的寿命会有何等功绩很让人神往；但尽管他们的生命如此短促，实际上他们也成就了大量成果。他们的声名久盛不衰，这是由于他们所证明的定理，而不是他们死去的方式。

阿贝尔和伽罗瓦都对找到多项式方程的解法这一问题倾注了极大的热忱。我曾在第二部分中叙述了卡尔达诺是如何“窃取”了求解三次多项式方程的秘密、而他的仆人费拉里后来又是怎样发现了求解四次方程的方法的。在这两个公式中，方程的解（或称“根”）都可以只用代数运算操作（加减乘除与任意次开方）表达。这些N次方根的解中各根式可以相互嵌套，平方根在立方根内，而立方根又在四次方根内——这就是人们将这种解法叫作“根式解”的由来。但在卡尔达诺与阿贝尔/伽罗瓦之间的三百年悠长岁月中，却没有一个人找到不低于五次方程的普遍根式解，于是有些人就开始怀疑这些方程是不是根本无解。

要想求证某项任务不可能确实很困难。这可不是一件靠尝试法就能解决的问题。为完成这一任务你得到了一些工具；你必须发现这些工具本身带有与生俱来的缺陷，这才能证明你的任务是不可能完成的。事实上阿贝尔和伽罗瓦并没有证明五次多项式方程无解。反之，他们证明的是一件更为微妙的事情：假定这些解存在，以上给出的五种运算操作不足以表达这些解。他们的证明涉及对于对称性理念的非常深刻与新颖的探索。

让我们从最标准的五次多项式方程开始：

$$x^5 + ax^4 + bx^3 + cx^2 + dx + f$$

假定这一方程有 r_1，r_2，r_3，r_4，r_5 共五个根，则标准多项式的每一个系数都是根的一个对称函数。例如：

$$a = -(r_1 + r_2 + r_3 + r_4 + r_5),$$

$$b = r_1r_2 + r_1r_3 + r_1r_4 + r_1r_5 + r_2r_3 + r_2r_4 + r_2r_5 + r_3r_4 + r_3r_5 + r_4r_5$$

如此等等。通过观察这些公式，你或许会注意到，每一个根在其中出现的次数相等。更准确地说，伽罗瓦注意到，如果你按任何方式排列这些根（例如把 r_1 与 r_2 对调），这一表达式不会改变。各项会以不同的方式排列，但总和依旧不变。五个数字有 120 种不同的排列方式，因此一个标准的五次多项式有 120 种对称方式。然而值得注意的是，有些多项式的对称方式要少一些；其原因是严格的规则造成的，但有些排列或许会因有些根之间的附加代数关系而被禁止，例如，一个根或许是另一个根的平方。

阿贝尔意识到（后经伽罗瓦加以阐述），如果一个多项式方程有根式解，它就会形成一个对应于那些多项式方程的根的中间多项式谱系和一个“数域”谱系。这就是在卡尔达诺和费拉里的公式中出现根式嵌套的原因；你每剥离一层根式（如同剥去洋葱的一层皮），你就转移进入了一个较低的数域。标准多项式的对称必须遵循这一谱系结构。

这就是伽罗瓦的论据：虽说十分艰难，但却是决定性的。由 120 个根的排列方式组成的整个群（伽罗瓦杜撰的术语）不允许出现方程要求的塔形子群；你无法这样做。根据证明，最高的高度是 20，也就是说，一个有根式解的五次多项式方程可允许的最高排列数是 20。

伽罗瓦的解决方法实际上为确定哪些多项式方程有根式解而哪些没有提供了明确的判别标准。如果你面前摆着一个多项式，它的“结婚蛋糕”（即伽罗瓦群）有不超过 20 个元素，那它就有根式解。伽罗瓦认为他的标准在实用方面一无是处；但今天，由于有了计算机，伽罗瓦群的计算可以自动化进行。于是，举例来说，多项式 x^5-x+2 的伽罗瓦群含有全部 120 种排列，所以方程 $x^5-x+2=0$ 的解无法以五种代数运算的形式写出。方程 $x^5-x+2=0$ 确实有解，只不过这些解无法用有限数目的＋、－、×、÷ 和根式运算加以表达。1858 年，查尔斯·埃尔米特[21] 证明，任何五次多项式方程的解都可以用一种新型函数写出，这种函数名为椭圆函数，是阿贝尔发现的。

这就是正常的人类对难题的反应：如果你无法用现有的工具克服困难，那就发明新工具好了。然而数学家并不完全与普通人一样。因为他们的难题往往与实际应用相差好几步，所以他们经常更为关注一个问题应该如何解决，而不是它是否已经解决了。尽管埃尔米特告诉数学家，他们可以用椭圆函数解决这一问题，但在阿贝尔和伽罗瓦关于五次方程无根式解的证明面前，他的发现只不过是皓月下面的萤火虫。

但还有另外一个原因成就了伽罗瓦的证明的不朽名声。他提出的群的概念现在已经变成了数学家用以表达对称这一古老想法的主要工具。对称群的第一次明确应用发生得如此困难，我对这一点感到非常好奇。这就好像谁也没有发明轮子，但后来莱特兄弟在不经意间发现可以用它们让飞机飞上蓝天，这时我们才恍然大悟，然后就会说："哇！早就该有人想出来的啊！"

左页图　捕捉对称：约1550 — 1600年，伊斯坦布尔的埃于普尤萨科浴室中的伊兹尼克陶瓷砖。

对称群的想法应该是数学中最基本的东西之一。实际上，能够感觉到对称物体的能力甚至可能在我们具有数数的能力之前。或许就是因为对称性太明显了，反而让数学家们历经万难才能发现。他们可能要到某种特定场合下，当对称性的意义远非明显时（如求解多项式方程时）与它狭路相逢，这时才会最后完成对称意义的表述。

很贴切地说，伽罗瓦的遗产就如同他为之奋斗的事业一样，完全是一场革命。他所发明的工具——群论，实现并超越了发明者的梦想。化学家现在运用群论描述晶体的对称性。物理学家现在运用群论描述亚原子粒子的对称性。1961 年，当默里·盖尔曼[22]提出他后来获得诺贝尔奖的夸克理论时，他使用的最重要的数学方法就是一个叫作 SU（3）的八维群，这个八维群决定了应该有多少个亚原子粒子的自旋是 1/2（如中子与质子）。他戏谑地把他的理论称为"八重方式"。但当理论物理学家想要创造一种新的场论时，他们就会从创造这种场论的对称群开始，这种说法可没有一丁点儿戏谑的意思。

15

鲸鱼几何与蚂蚁几何

非欧几何

在代数学发生革命的同时，类似的事件也发生在几何学领域中。两千年前，欧几里得写下了寥寥几条公理；人们认为，就是通过这区区几条公理，所有的几何知识都可以一网成擒。人们把这些公理当作不言而喻的事实，因而无须任何证明。

沧桑千百年，欧氏几何被人奉为演绎推理的登峰造极之作。18 世纪哲学家伊曼努尔·康德[23]创建了知识论，他在其中援引欧氏几何，把它作为“综合演绎”而得到真理的一个例子。也就是说，这是通过纯理性推演而不是通过观察所得到的有关宇宙的颠扑不破的真理。

然而，其中的一条公理总是显得不如其他公理那样滴水不漏。人们所说的这条公理就是“平行假定”。欧几里得只是在《几何原本》第一部的后面才用到这条公理：“若一条线段与两条直线相交，若在其一侧所得的两个内角之和小于 180 度，则这两条直线在不断延长后必于内角和小于 180 度的一侧相交。”这一假定的应用之一便是用来证明三角形的三个内角之和等于 180 度。

许多数学家感觉平行假定本身并不错，但还远不到“不言而喻”的程度，因此是本应无懈可击的欧几里得公理体系中的白璧微瑕。他们挺身而出，迎接挑战，要用欧几里得的其他几条公理证明平行假定。

$$ds^2 = \frac{dx^2 + dy^2}{y^2}$$

dx 和 dy 代表一个“无穷小”三角形的直角边，ds 代表其斜边。

这一数学上的“圣杯寻秘[24]”充满了诱惑，无论对声名显赫的数学名宿或是头角未露峥嵘的新进学子无不如此。我们已经提到过的勒让德认为他成功了。不那么著名的数学家如约翰·沃利斯、约翰·普莱费尔、吉罗拉莫·萨切利、约翰·海因里希·朗伯与沃尔夫冈·波尔约[25]等也都曾在不同历史时期做过同样的宣告。但无一例外，这些人的证明中都有隐含的假定，在其他数学家精心探索的智慧之光照射下，这些假定都不比欧几里得的假定更能令人信服。

19 世纪上半叶，三位数学家分别独立地大胆设想了前人从未设想过的情况：或许在平行假定实际上不成立的条件下也会存在有效的几何学。这将创建一种非欧几何，这种几何将公然违反欧几里得在两千余年前设定的公理中的一个。

这一想法与汉密尔顿有关不遵守交换律的代数的想法同样离经叛道。然而，要否定平行假定或许需要更大的勇气，因为欧几里得、康德……以及两千多年来积淀的悠远传统都是这条公理的坚强后盾。这三位革命者中的第一个是卡尔·弗里德里希·高斯，他那个时代最负盛名的数学家。高斯和沃尔夫冈·波尔约从学生时代就是朋友，前者在 19 世纪初开始试图证明平行假定。

但大约在1820年，他似乎逐渐确认，或许可以另外建立一种非欧几何。然而他从来没有发表过他的想法，而只是在通信中模糊地对人有过暗示。有关他这样做的原因的最好证据可以在他1829年写给他的朋友弗里德里希·威廉·贝塞尔[26]的一封信中找到。他在信中说，如果他发表了这一证明，他担心那些“皮奥夏人（对蠢笨之人的蔑称）”随之发出的“大呼小叫”。

非欧几何的第二位发现者是亚诺什·波尔约[27]，高斯学生时代密友的儿子。沃尔夫冈在匈牙利当了数学教师，他试图警告他的儿子，让他不要去证明平行假设。“看在上帝的分上，我恳求你还是放弃吧。你要像恐惧情欲之火一样恐惧它，因为它也可能会占用你所有的时间、摧毁你的健康、让你心中无法安宁，并破坏你生命中的幸福。”但他的儿子没有理会他的劝告，最终写下了一篇24页的论文——是有关他称之为“宇宙中的绝对科学”的。作为沃尔夫冈1832年出版的一部教科书的附录，他的父亲大度地发表了这篇论文。

那本书老波尔约自然而然地给他的老朋友高斯寄去了一本，而后者的反应完全出人意料：“赞扬这一工作就相当于赞扬我本人。这一工作的整个内容、令郎所使用的方法以及他最后得到的结果，所有这些几乎完全与我自己的考虑不谋而合……我计划最终将之付诸文字，这样它至少不会与我的离世一同湮灭。我异常惊异地得知，我已免除了这一苦役，而且异常欣慰于这一工作是由我老友之子完成的——他以如此非凡的方式胜过了我本人。”

尽管最后得到了这样的恭维，但这对小波尔约来说却仍旧是一记毁灭性的打击：高斯说，他发明的非欧几何其实毫无新意。终其一生，亚诺什再也没有发表过任何一篇数学论文。高斯不单缺乏发表自己的发现的勇气，他现在又在已有的错误上横添一笔：他打击了一个满怀抱负的年轻数学家的自信心，或许，这位年轻人原本能为自己赢得显赫的名声。

因为高斯言不尽意，波尔约又轻言放弃，这让非欧几何为世人瞩目的大部分功绩非第三位发现者莫属。他就是尼古拉•伊万诺维奇•罗巴切夫斯基[28]。他是位俄罗斯数学家，住在古代鞑靼人的首都喀山。他最先在一份默默无闻的俄国杂志上发表了他的非欧几何版本；但和波尔约不同的是，他还继续撰写有关非欧几何的论文和书籍，最后于1837年成功地在《克雷尔杂志》上发表了一篇论文。尽管如此，他还是没有能在他的有生之年得到他应该从人们那里得到的赞扬。但今天，罗巴切夫斯基被人认为是俄罗斯第一流的伟大数学家之一，而且在俄罗斯，他发明的几何就叫作罗巴切夫斯基几何；西方数学家则更为贴切地称之为双曲线几何。

确切地说，什么是双曲线几何或罗巴切夫斯基几何？我认为，考虑它的最佳方法是先忘记有关平行假设与欧几里得的一切。你尤其必须忘记的，是你从小到大就养成了的偏见，即欧氏几何是物质世界“自然而然”产生的几何。双曲线几何在人工雕凿方面并不比欧氏几何多。要把它想象为海洋的几何。如果鲸鱼曾发明过几何，它们发明的那种几何就应该是双曲线几何。

让我们现在暂时假定你就是一头鲸鱼。在深邃的大洋里光线不是很有用，因为水中很暗。所以你主要靠声音来感受外界、与外界交流。在你的世界中，两点之间的最短距离将是声波走过的路径。对于你来说，这就相当于一条直线。

下图　声波在大洋中沿曲线传播的示意图。

这一点就是问题的关键。声音在大洋中的传播速度并非时时处处相等。在某一深度（大约 2000 英尺或 600 米）以下，它的传播速度跟它与水面的距离成正比。所以声波传播的路径并非直线而是曲线。如果让一束从鲸鱼 A 传给鲸鱼 B 的声波先向下利用较深处的较高传播速度，然后再向上，这样到达鲸鱼 B 所需要的时间就会短些。实际上我们可以更准确地描述这些曲线的性质：它们是圆心在洋面的圆弧！所以，对于鲸鱼来说，人类称之为“圆”的东西实际上是直线（两点之间的最短距离）。

这种鲸鱼几何中会出现一些令我们惊讶的事物，但它们完全不会让鲸鱼吃惊。三角形三个内角之和小于 180 度。那里没有长方形（四个角都是直角的四边形），但有直角五边形。最重要的是，在鲸鱼几何中曲率是负值。这就是说，最初平行的直线之间的距离会越来越大。

令人吃惊的是，几个世纪以来人们就已经知道双曲线几何之外的另一种非欧几何了，只不过他们从来没有从这个角度来看待它。这就是球面几何。在一个球（例如地球）的表面上，三角形的内角和大于 180 度。长方形不存在，但直角三角形是有的。记住地球的曲率！例如，可以画出一个有三个直角的三角形：从北极开始，沿直线画到赤道，然后沿赤道向东或向西绕过四分之一个地球，最后向北回归北极。这样你就会描出一个有三个 90 度角的三角形。球面几何中的曲率是正值。

换言之，开始时平行的直线（例如在赤道附近的经线）间的距离会越来越小，而且它们最后在南极与北极会聚。

过去没有人把球面几何看作有别于欧几里得几何的一种几何，个中原因很简单：我们可以把一个球体看成是镶嵌在欧几里得三维空间中的形体，因此它的“非欧性质”并非显而易见。但不

左图　球面几何与地球的曲率。

妨让我们设想，除了球面的范围之外你无法感觉到第三维。例如，或许可以把你想象成一只生活在一颗没有海洋的小行星上的蚂蚁，所以你想去哪里都可以。你完全没有空间的概念，没有地下的概念；你知道的一切就是你的球面世界的表面。这个世界的曲率是正值，那里的几何也不是欧几里得型的。我们可以称这种几何为蚂蚁几何。

上图　16 世纪 F. 弗罗雷斯表现一则“几何寓言”的雕刻作品。

我们现在可以看到，世界上并非只有一个“自然”的几何，而是存在着形形色色的几何，它们有着不同的曲率；这些几何从蚂蚁几何（球面几何），到人类几何（欧氏几何），再到鲸鱼几何（双曲线几何）。但故事还没结束。这些只不过是具有不变曲率的几何。我们也可以想象那些曲率随地点改变的几何。它们可以是二维、三维甚至更高维的几何。高斯（或许受到他未曾发表的双曲线几何的影响）是第一个理解二维空间中变化曲率概念的数学家，而他的学生伯恩哈德·黎曼[29]于 1854 年将这一概念推广到了更高维的情况。就这样，他们师徒二人为 20 世纪的一项划时代的发现做出了前期准备：阿尔伯特·爱因斯坦的广义相对论，这一理论假设我们的四维时空具有各处不同的曲率。如果没有罗巴切夫斯基、波尔约、高斯和黎曼，爱因斯坦将永远无法写下他的理论中的方程。

16 我们信赖质数
质数定理

高斯对于非欧几何的不当处理是在他璀璨的职业生涯中不多的几个污点之一。他在如此之多的数学领域中都有杰出贡献，甚至实际上创立了数论的现代主题；数论研究的是整数的性质，特别是方程的整数解。

1777 年，高斯出生于德国不伦瑞克。作为一个神童，高斯受到了不伦瑞克王子的注意，后者资助他完成了在私立中学与在哥廷根大学的学业。1799 年高斯获得哥廷根大学博士学位，论文课题是他对代数基本定理的第一份证明，但这份证明并不完全令人满意，他后来又给出了另外三份证明。

高斯一直对数论有特殊感情，这是他称之为“数学女王”的领域，也是他做出自己第一批重要发现的领域。当高斯 1796 年还在大学就读时，他便证明了正十七边形可以用尺规作图法画出，这一发现是古希腊数学家未能成就的，虽说他们是首先对这类作图有兴趣的人。尽管这一定理看上去很像几何定理，但它与多项式方程的可解性有密切联系。

关键问题是能否用圆规直尺画出（360/17）°角。如果可以，正十七边形的作图就简单了：可以把以这个角为顶角的十七个等腰三角形放到一起拼成正十七边形。早在 1673 年，勒内·笛卡儿就在《几何学》这本

$$\pi(n) \approx \int_2^n \frac{dx}{\ln(x)}$$

函数 $\pi(n)$ [勿与数字π混淆]代表小于n的质数的数目。质数定理称，这一总数大约等于密度函数$1/\ln(x)$的积分。尽管这只是一个近似值，但当n越来越大时，这一公式（以百分比计算）也越来越准确。

书中发明了一种线段是否可以画出的简单标准，这本书高斯肯定是研究过的。这一标准就是：如果某一线段的长度可以只用整数的五种代数运算操作+，-，×，÷与√表示，则这条线段可以用尺规法从一条已知单位长线段中画出。这一标准看上去应该有些熟悉——它看上去非常像求多项式方程的根式解的工具。但这一标准所受的限制更多，因为只允许平方根运算，不允许高于二次的方根。与此类似，如果一个角度的余弦与正弦是可以尺规作图的长度，则这一角度可以用尺规作图法画出。

高斯的勇气令人惊叹。为证明 $(360/17)°$ 是一个可以画出的角度，他求解了多项式方程 $x^{17}=1$。当时是1796年，那时候就算能用立方根、四次方根和五次方根操作，但也没有谁知道四次方程是否可解。而高斯却提出求解一个十七次方程，而且可供他使用的手段还更少。而他居然成功了！

五年后的1801年，高斯出版了他的第一部书《算术研究》。这是系统阐述数论的第一部书，在书中建立了数论的方法，并确定了数论所要研究的问题。他求证正十七边形的定理出现在这本书中，并推广成为一个普遍定理：如果 n 的所有奇质数因子都比2的某次幂多1，且这些奇质数因子只在 n 中出现一次，则正 n 边形可以画出。现在只知

1	3	5	7	9	11	13	15	17	19	21	23	25	27	29
31	33	35	37	39	41	43	45	47	49	51	53	55	57	59
61	63	65	67	69	71	73	75	77	79	81	83	85	87	89
91	93	95	97	99	101	103	105	107	109	111	113	115	117	119
121	123	125	127	129	131	133	135	137	139	141	143	145	147	149
151	153	155	157	159	161	163	165	167	169	171	173	175	177	179
181	183	185	187	189	191	193	195	197	199	201	203	205	207	209
211	213	215	217	219	221	223	225	227	229	231	233	235	237	239
241	243	245	247	249	251	253	255	257	259	261	263	265	267	269
271	273	275	277	279	281	283	285	287	289	291	293	295	297	299
301	303	305	307	309	311	313	315	317	319	321	323	325	327	329
331	333	335	337	339	341	343	345	347	349	351	353	355	357	359

道 5 个满足这一标准的质数：3（2^1+1）、5（2^2+1），17（2^4+1）、257（2^8+1）和 65537（$2^{16}+1$）。这一结果可列入实用性最低的定理之列。人们很可能需要耗费一生的光阴才能完成一个正 65537 边形的作图，而当你完成之后，你的杰作看上去将与圆毫无差别。

上图　表述古希腊数学家厄拉多塞（前 276 — 前 194）叙述的一种确定质数的方法的示意图。

这一实例让我们大致了解了质数在数论中扮演的核心角色。正是通过所有质数的乘法运算，才组成了所有其他一切数字。在这种意义上，它们就像化学中的元素那样基本。一方面，它们的重要性在于它们是解决其他难题的工具；另一方面在于，它们本身就为人们提供了研究的课题。如何理解它们的分布方式？这是它们一直让人感到神秘莫测的地方之一。

矛盾之处就在这里。从质数的行为看，它们就好像完全随机地分布在数轴上一样。这一分布又不是完全均匀的：较大的数字是质数的可能性低于较小的数字，因为有更多的质数可能是它们的因数。高斯根据经验证据猜想，质数的“密度”随 n 的自然对数［写作 $\ln(n)$］成比例下降。这就意味着，一个十位数字是质数的可能性是一个五位数字的一半，是一个两位数字的五分之一。我们可以把 $1/\ln(n)$ 想象为 n 是质数的概率。然而这一陈述是完全自相矛盾的，因为这根本就与概率无关！一个数字要么是质数，要么不是质数。

尽管如此，高斯的这一猜想——在 1898 年被证明后叫作质数定理——还是为质数的分布提供了异常精确的预测。例如，根据密度公式预测，1000000 以内的质数约为 78628 个。实际上的质数数目是 78498 个，误差不到 0.2%。如果我们把范围扩大到 10 亿，则预测数字为 50849235 个，准确数字是 50847534，这次的估算值误差还不到 0.004%！我希望你会像我一样对这一事实感到吃惊。想一想吧，即使只确定一个大数字是不是质数就会有何等艰难，即使动用现在的计算机技术，也没有谁能说得出一个随机选取的 200 位数字是不是质数。而应用质数定理，我们虽然无法完全准确地得知，但却能以非常高的准确度得知所有小于那个数的质数的数目！

质数定理的故事不禁让我们想起了费马最后定理。在人们不清楚确切日子的某一天，高斯写下了一则神秘的评论："小于 a 的质数 a ≈ $a/\ln a$。"这就是对质数定理的大致陈述。在他的笔记上没有试图证明这一定理的迹象，或许他是基于数字证据做出这一判断的。1850 年前后，俄罗斯数学家巴甫努蒂·切比雪夫[30]证明，对一个足够大的数字 n，高斯的上述近似公式的误差在任何时候都不会大于 11%。当然，从以上给出的例子可以看出，实际误差应该远小于此。切比雪夫的工作是朝正确方向迈出的一大步，部分原因是他使用了 ς 函数作为工具来数出质数的数目。

1859 年，伯恩哈德·黎曼又向前迈出了令人惊异的一步，这就是现在 ς（ς zeta 和 ξ xi 是不同的希腊字母）函数（曾在第 12 章中有所讨论）以他的名字而不是切比雪夫的名字命名的原因。他发现了小于 n 的质数数目的准确公式。然而这里的关键问题是，要准确计算这一数目，你需要知道平面上黎曼 ζ 函数数值为零的无数多点的位置。如下图所示，这些点被称为 ζ 函数的“零点”。如果你大致知道这些零点的位置，黎曼公式就会告诉你大约存在着多少质数。

1898 年，雅克·阿达马[31] 和瓦莱普桑[32] 分别独立证明，所有零点都位于直线 $x = 0$ 和直线 $x = 1$ 之间的无限长条上。即使对于零点位置如此粗略的信息也足以证明质数定理——19 世纪里程碑式的定理之一。阿达马和瓦莱普桑是幸运的，因为高斯已经去世，不会再跳出来说：“这一点我一百年前就知道了！”

但有关这一定理的故事并没有完全结束。你越是能够准确地确定黎曼零点的位置，你对质数的理解就越深刻。阿达马和瓦莱普桑证明了零点位于平面上的一条无限长的直“通道”上（即下图涂阴影的长条）。黎曼猜想（但无法证明）了一个更为准确得多的位置：所有零点恰在上述通道的中央部分！如果这一人称“黎曼猜想”的陈述得以证实，它将让人们能够极为完美地掌握质数的分布。

费马最后定理一经证实，黎曼猜想就成了数论学家的“要犯通缉名单”中名列前茅的目标。2000 年，克雷数学基金会将其列入七大“千年难题”之列，并悬赏一百万美元重金，奖励

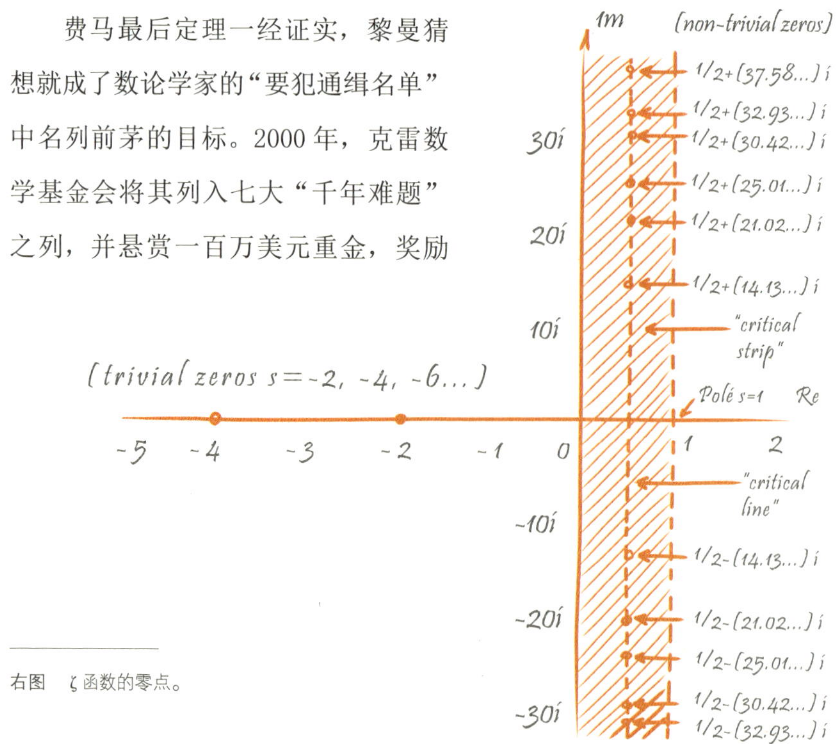

右图 ζ函数的零点。

该猜想的证明者。由于这一猜想的专业性太强，因此它所能解决的基本问题很少能够在此作为例子举出，但以下是其中之一。

远在我读小学二年级的时候便注意到，某些分数用无限循环小数表达时很快就开始重复，而其他的分数就要慢一些。例如，$1/3 = 0.3333$……开始得就很快，$1/37 = 0.027027$……也不慢。但另一方面，$1/7 = 0.1428571428$……就比较慢，在六位之后才开始重复。开始得更慢的是 $1/19 = 0.0526$……它过了整整 18 位才开始重复出现 0526……

上图　卡尔·弗里德里希·高斯（1777—1855）。

实际上，任何分数 $1/n$ 的小数展开最终都会在（$n-1$）位或之前开始重复。重复位数达到了全部（$n-1$）位的数字 n 总是质数，如 7 与 19。然而并非所有质数的倒数的小数都重复得很慢。例如，$1/37$ 在达到 36 位以前很久就开始重复了——只有 3 位！现在还不存在已知公式以确定哪些质数的倒数的循环小数形式重复较快、哪些重复较慢。然而，如果黎曼猜想证实为真，我们就会知道，占质数总数大约 37.4% 的质数的倒数重复得比较慢。这一准确得令人咂舌的数字是数论学家可以从黎曼猜想榨取的信息的标准例子。（这一结果由克里斯多费尔·胡里[33]于 1967 年证明。）

黎曼猜想的证据的确切程度如何？迄今为止，人们已经发现了十万亿个 ζ 函数的零点，而且它们全都如黎曼猜测的那样，准确地位于“关键性长条”的中部。在任何其他领域的任何通情达理的科学家都会宣称，这一难题早已解决。但在这种事情上，数学家不算是通情达理的人。

17

关于谱系的想法

傅立叶级数

到现在为止，我在书的这一部分中描述的法国数学的形象不算十分积极。首先，法国科学院丢失了阿贝尔关于椭圆函数的研究报告，然后他们又对伽罗瓦在群论上的革命性发现嗤之以鼻。19世纪上半叶的一些最令人意外的重大突破是由来自世界其他角落的数学家做出的：爱尔兰的汉密尔顿、挪威的阿贝尔、匈牙利的波尔约、俄国的罗巴切夫斯基，当然还有高斯，来自德国。尽管如此，在这一时期，数学的世界中心无可置疑地还是巴黎。今天，任何学习数学的大学生在学习时都不可避免地会读到这一时期中一大批法国人的名字，其中包括拉格朗日[34]、拉普拉斯[35]、勒让德、柯西、刘维尔[36]、泊松[37]和傅立叶[38]。

法国数学在剧烈的政治动荡时期仍能保持如此强势，这一现象的确令人瞩目。法国数学历经法国革命、革命后的恐怖时期、拿破仑的崛起、拿破仑的流放及其归来、君主制复辟、查理王逊位和路易·菲力浦王的即位，最后还有第二共和国和第二帝国等风雨，但却依然在蓬勃发展。所有这些政治命运的急剧变化都曾改变了个别数学家的生命轨迹，他们的命运随着他们选择追随的领袖的命运起伏动荡。尽管

$$\hat{f}(n) = \frac{1}{2\pi}\int_{-\pi}^{\pi} f(x)\, e^{inx}\, dx$$

$$f(x) = \sum_{n=-\infty}^{\infty} \hat{f}(n)\, e^{inx}$$

对于任何函数 $f(x)$ 来说，“f-帽”是它的傅立叶级数。这一级数把f分解成具有不同频率的正弦与余弦函数的谱系。第二个公式告诉我们，如何通过原始函数的谱系重塑其本身。在某种意义上说，这就是说：“f-帽-帽”又等于f。

如此，作为整体的法国数学文化依旧繁荣。这种现象的原因之一或许是法国社会活动性的增加，它让任何有天赋而且运气不算太坏的人能够得到受教育和获得职业的机会。

说明这一现象的一个完美例子是约瑟夫·傅立叶。他 1768 年生为裁缝之子，九岁就成了孤儿。在一所修道院中长大、在部队学校中接受教育的他支持法国革命；虽说他也曾两次被捕，但却很走运地逃脱了在恐怖时期走上绞刑架的命运。他是在法国的顶级教育机构——法国高等师范学院就读和在法国高等理工大学担任助理教授期间崭露头角的。

1798 年，拿破仑·波拿巴在埃及发动了一次意在将埃及纳入法国殖民统治的军事战役。除了 4 万名入侵将士之外，拿破仑还随身带去了 167 名科学家，让他们研究埃及并为埃及的文化编目。† 在这些“饱学

† 尽管拿破仑在别的方面有许多缺点，但他对科学事业非常推崇，大力赞助。他甚至在欧几里得几何学上创造了一个不那么重要的定理，即以他命名的拿破仑定理。这一定理是不是拿破仑亲自证明的？这一点尚属未定之天。

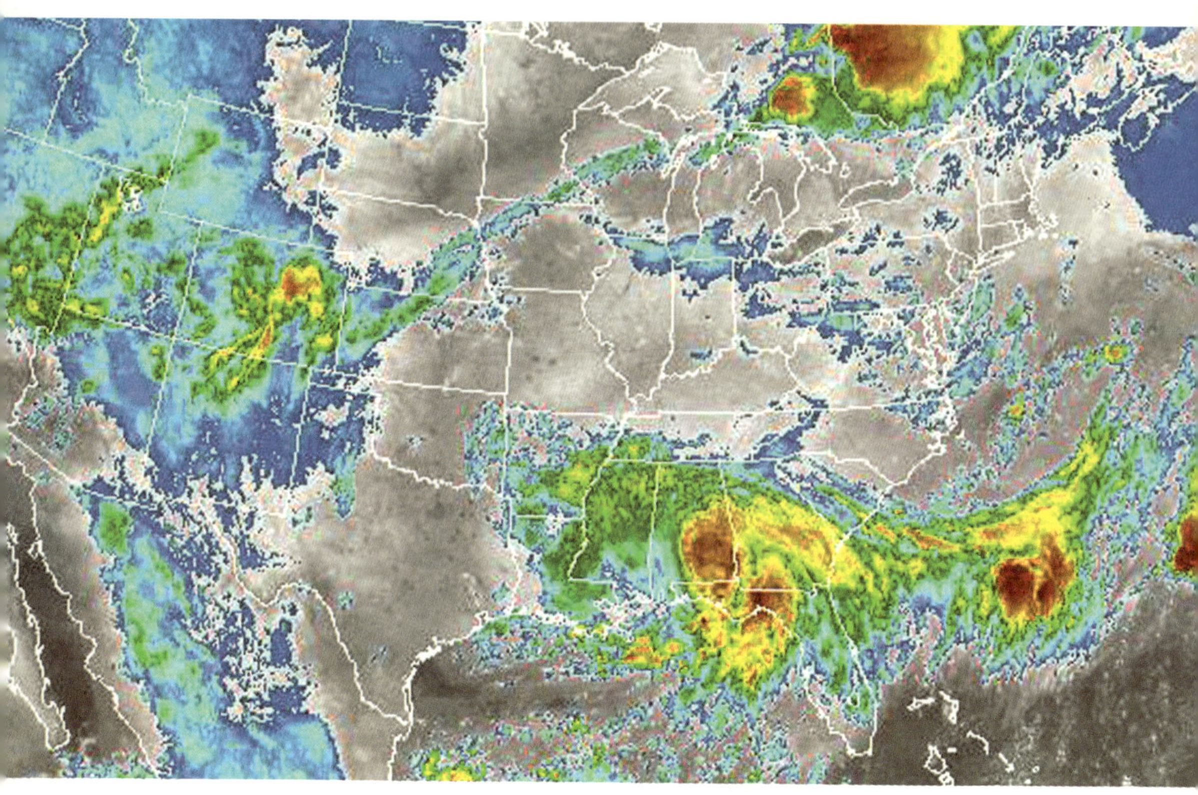

上图 热传导方程有多种实际应用，其中包括气象预测。

之士”中就包括傅立叶。

这显然是傅立叶与拿破仑的第一次会面，而他们之间的关系将改变他的一生。这次军事行动大败亏输：英国海军在拿破仑抵达埃及之后歼灭了法国舰队，并让他庞大的部队进退维谷，但傅立叶最终让这位未来的皇帝留下了良好的印象。在傅立叶于 1801 年返回法国后，拿破仑任命他为法意边境省份伊泽尔的行政长官。傅立叶对此并不完全满意，因为他更愿意继续在巴黎高等理工大学任教；但事实证明他是一个有能力的公务员。1815 年拿破仑兵败滑铁卢，这也为傅立叶的政治生涯画上了一个句号，但这实际上却有助于他的科学生涯。他返回巴黎，1822 年成为巴黎科学院秘书，1830 年去世。

正如在他之后的阿贝尔和伽罗瓦那样，傅立叶在争取人们承认他最重要的工作的道路上也历经坎坷，但原因却与他们不同。他从 1802 年开始进行固体热扩散方面的实验。他开始尝试的是非常简单的情况：最先是固体棒，然后是环——这些问题可以按照一维的情况加以处理。与此同时，他发展了一种解释这些物体状况的数学理论，该理论由两部分组成。他首先建立的是后来人们称为热传导方程的方程，这一方程描述了热量在固体棒内的传导状况，然后他用后来人称傅立叶级数的方法求解这一方程。

19 世纪的数学家在做些什么？热传导方程是说明这一问题的一个很好的例子：这一方程准确地指示了当前的温度分布会如何影响以后的温度。这一方程大致说的是：热量将从那些比周围部分的平均温度高的各点流出，流向那些比它们周围部分的平均温度低的各点。因为这是一个有关变化率的陈述，它当然是以微积分的语言表达的。而且它把两种不同的变化率联系在一起。温度相对于时间的变化率在公式中记为 du/dt，它是由各处的不同温度确定的，后者记为 d^2u/dx^2，它反映了点 x 处的温度与 x 左右等距离两点的温度之间的差别。整个热传导方程如下所示：

$$\frac{\partial u}{\partial t} = k\frac{\partial^2 u}{\partial x^2}$$

人们称这样的方程为偏微分方程：说它“偏”，是因为方程中的每一项只表达温度变化方式的一个部分，即，或者随空间的变化，或者随时间的变化；说它“微分”，是因为方程中用到了导数。人们后来发现，偏微分方程对于所有物理过程——从热传导到流体的流动，再到电场和磁场的传播——的模拟都是关键的。每当你阅读一份天气预报时，你所读到的实际上是描述大气中热量、空气和水分运动的几个偏微分方程的解。

傅立叶的工作也说明这一事实：应用于解决实际问题时，数学是一个二步过程。人们首先要做出问题的模型，即把你的假定或你的经验观察数据翻译成数学语言。傅立叶有关热流动的模型优美、说服力强而且影响深远。三维热传导方程应用广泛，它可以描述的范围从你咖啡杯中的热现象到恒星内部的运动，直到全球的气象变化等，不一而足。

建立模型后的下一步就是求解这个模型的方程。看上去这似乎是这件工作中最例行公事的部分了——方程的一个解就是一个解，或者对或者错——但就在这个问题上傅立叶卷入了争论。

傅立叶使用的是一种有着悠久传统的解方程方法：猜测法。对于他的工作而言，因为棒的温度 u 同时是位置（x）和时间（t）的函数，他猜测这不过是两个函数的乘积，其中一个完全是时间的函数，而另一个完全是位置的函数。这种方法奏效了：方程的解是一个以位置为

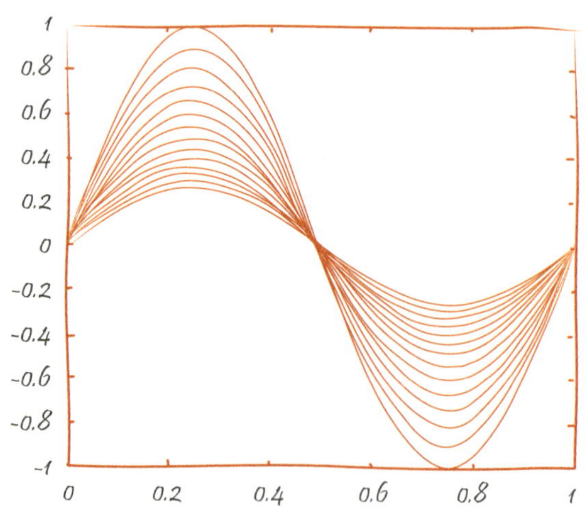

上图　如图所示，傅立叶对热传导方程的求解涉及振幅随时间减小的正弦波。

自变量的正弦函数和一个以时间为自变量的衰变指数函数的乘积。如果你的金属棒的初始温度分布为正弦波，它将逐步冷却至零摄氏度或任何实验室环境温度，其冷却速率与正弦波的波长的平方成正比。

但如果你的金属棒的初始温度分布并非正弦波又如何呢？例如，在傅立叶的实验中，他把金属棒的一端放入一个熔炉，造成了棒的一半是热的而另一半是冷的这样一种温度分布。物理学的行话称这种分布为“方波”，它不是一种正弦波。但傅立叶宣称，任何温度分布都可以写成正弦波的和的形式（并非仅仅是有限和式——人们今天称这种无限和式为傅立叶级数）。

今天我们可以用计算机画出优美的图像来说明傅立叶用三角级数来近似表达任意函数的想法。尤其是，我们能够很容易地看到，一个接一个逐渐变化的近似图像是如何最后生成一个方波的。但正是这一点让他们的同事无法忍受，特别是他过去的老师约瑟夫·路易·拉格朗日：这隐隐然预示着，在数学家观念中的函数概念将会发生天翻地

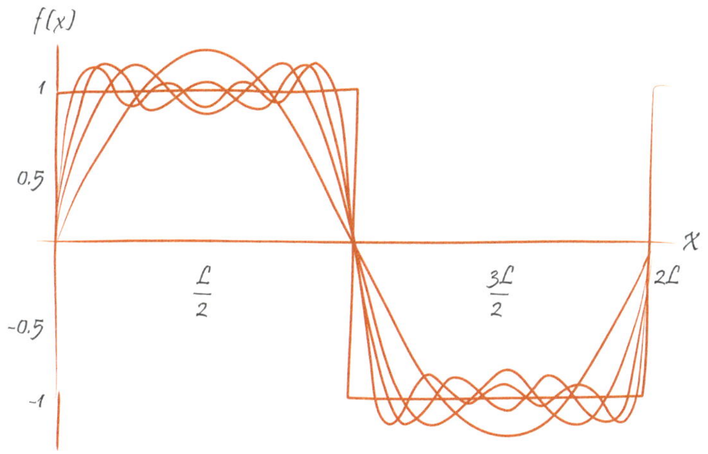

上图　显示“方波”以及以正弦波的有限加和对方波进行近似模拟的示意图。这种近似处理可以达到任何精确度。

覆的变化。

从欧拉的时代起，人们就认为函数就是以公式的形式表达的：它们是由多项式、指数式、三角函数等已知函数有限组合而成的。或者可以按照牛顿的说法，它们一直是以幂级数的形式表达的，后者实际上就是“无穷多项式”。但傅立叶级数的形式则更为多样化得多。傅立叶级数可以表达带有跳跃与隅角这些无法用简单的算术公式表达的函数。傅立叶的论文标志着，函数从此开始有了更广阔的理念，即我们今天使用的输入—输出模式。函数不过是一种规则，它赋予任何输入值独一无二的输出值。输入值与输出值甚至不需要真的是数字，而那种规则自然也不需要一定能够表达为公式。我在第二部分中曾经或许有些目空一切地说过，经典数学家对心跳与股价这类数量不感兴趣。这种说法更准确的表达是，把这些数量视为数学函数，这种想法甚至根本不会在他们的头脑中出现。傅立叶的见解打开了一扇让实践过程与经验过程进入函数范畴的大门，特别对那些带有跳跃和不连续点的过程更是如此。

上图　约瑟夫·傅立叶（1768—1830）。

但拉格朗日的反对意见确实有几分道理。傅立叶认为人们可以把任何函数分解成许多不同频率 n 的正弦波的加和。存在着一个叫作 $\hat{f}(n)$ 或者叫“f-帽”的函数，这个函数可以告诉我们每一种频率的“强度”。傅立叶的关键论点是，人们可以通过“f-帽”来重新建立原有的函数

f。根据傅立叶的逆公式，“f-帽-帽”等同于f，对此傅立叶并没有提出一项合理的证明。实际上，这一点对于带有不连续点的函数甚至不成立。什么样的函数确实服从傅立叶的逆公式呢？要回答这一问题绝非易事，而且主要是由于这一问题的刺激，促进了19世纪与20世纪的函数理论或“泛函分析”的形成。

傅立叶级数和实际上被称为傅立叶变换的“帽”概念的重要意义远远超出了热传导方程一隅。傅立叶变换允许人们将任何随时间变化的信号分解为波长的一个“谱系”。天文学家利用这一原理来确定遥远的天体上存在着何种分子。无线电收音机利用这一原理选择特定的频道：这实际上就是在随时间变化的信号中找到特定的波长。音乐合成器利用傅立叶级数来模拟小提琴或者长笛的声音，或者创造人们从来没有听到过的声音。换言之，它们是在微调“f-帽”，希望以此创造出更优美动听的“f”。傅立叶级数与傅立叶变换时时处处与我们同在，只不过我们不太知道而已。

至于傅立叶，他则需要经过漫长的等待才能迎来他的论文发表的那一天。1807年他提交法兰西学院的论文由于拉格朗日的反对未能发表。（另一个反对者是一个名叫让·佛朗索瓦·毕奥的院士，他抱怨的是傅立叶对他的贡献赞扬得不够。）1811年，傅立叶重新撰写了论文，将其提交一次竞赛并赢得了大奖，但拉格朗日还是认为论文不适于发表。最后，拉格朗日去世之后，傅立叶于1822年被任命为科学院终身秘书，他的专著《热分析理论》总算得见天日，而且成了19世纪人们最广泛阅读的书籍之一。

18 上帝之眼中看到的光 麦克斯韦方程

正当数学在代数、几何和函数理论上经历革命之际，物理学也在经历它本身的革命。19世纪初，力学与引力理论已经形成了良好的体系。牛顿解释了行星是如何围绕太阳公转的。欧拉、拉普拉斯以及其他人介绍了太阳系内诸如春分与秋分的岁差、木星与土星轨道的缓慢变化等多体相互作用。牛顿定律解释了固体物体对机械力的反应，欧拉的流体力学方程解释了流体对机械力的反应。然而，物理学中仍然存在着对广大科学家来说完全神秘的三个课题：电现象、磁现象与光的本质。直至1800年，人们还没有发现说明这三种现象之间有联系的任何蛛丝马迹。而到了1865年，这一切突然发生了剧变，物理学家找到了一个能把三者紧密联系的理论。磁场是由电流产生的。电场是由变化的磁场引发的。而且说到底，光只不过就是传播中的电磁波，是振动中的磁场与电场相互交织、精致编就的织锦，而磁场与电场就好像一幅纺织品上的经线与纬线。

为了得出这些结论，物理学家们首先必须消化一批令人吃惊的实验发现。然后他们必须发展一种新型物理学，以无形的概念，如电场

$$\nabla \cdot \vec{E} = 0$$

$$\nabla \cdot \vec{B} = 0$$

$$\nabla \times \vec{E} = -\frac{\partial \vec{B}}{\partial t}$$

$$\nabla \times \vec{B} = \frac{1}{c^2}\frac{\partial \vec{E}}{\partial t}$$

E与B分别代表真空中不存在电荷与电流的电场与磁场。常数c为光速。符号“∇”（散度）代表场线分散的倾向。符号“∇×”（旋度）代表场线旋转的倾向。这些方程共同表明，在不存在电荷的情况下，无论电场或磁场都没有任何源，也不会减弱。

与磁场代替有形的、可触摸的物体（如车轮、棍棒、滑轮和杠杆等这些机械材料）。由于常识与日常经验已经不再能够应用于这些无形但却是真实的现象，这迫使物理学家们对数学的仰仗达到了前所未有的深刻程度。当直觉与感觉不再有效时，只有数学才是他们唯一的指路明灯。

从 17 世纪起人们就对光的本质争论不休。牛顿当时认为光是由极小的微粒组成的；而罗伯特·胡克则坚称光是由波动构成的。在一百年左右的时间内，牛顿无与伦比的威望把光的波动说打入了冷宫。但 19 世纪初期，几项实验发现让这一争论战事重开。1801 年，托马斯·杨发现了光波的干涉。当一束光线穿过两个平行的狭缝之后，人们在另一面看到的不是两道狭长的亮条纹，而是一系列明暗交替的带状斑，其中最亮的一道位于中央。如果你把光想象成与水池中的涟漪类似的东西，这一现象的难题就可以迎刃而解；但如果你认为光是葡萄弹式的微小粒子，那你就会面临窘境。而且，早在 1665 年，弗兰西斯科·戈里马尔蒂[39]就曾观察到过一种他称之为衍射的现象，就是光显然有

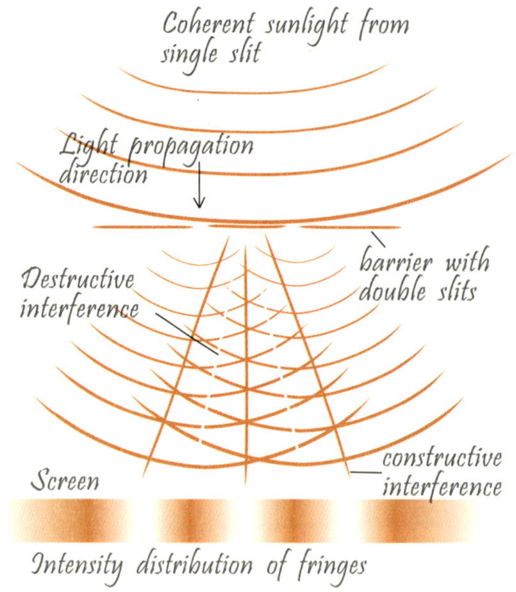

左图　杨氏双缝实验。

绕过小障碍物的能力，这一点也难以用牛顿定律解释。（记住，不受外力作用的运动粒子应该沿直线行进。）当光线通过棱镜时会发生偏转，这叫作折射；这种现象也容易用波动理论解释而不容易用粒子理论解释。1818年，奥古斯丁·菲涅尔[40]成功地用一种把光视为横波的理论一一解释了干涉、衍射和折射这三种现象，无一漏网。‡

到了19世纪20年代的法国和30年代的英格兰（那里对牛顿的英雄崇拜更加根深蒂固），波动理论占据了明显的上风。但如果光是波动，这种波动又是什么物质组成的呢？这不可能是空气或其他流体的波动，因为横波不能在流体中传播；它们需要具有弹性的介质，即这种介质要能在受到拉伸之后“迅速复原”。绝大多数物理学家认为，光是通过某种“光介以太”传播的，但一切直接探测这种以太的努力都以失败告终。

与此同时，电与磁方面的神秘色彩也进一步加深。1799年，意大利的亚力山德罗·伏特[41]发明了电池，这让物理学家有史以来第一次有可能使用稳定电流进行实验。1820年，汉斯·克里斯蒂安·奥斯特[42]在一次备课时注意到，当他让电流通过电线时，附近的一

‡　横波是波中粒子的运动方向与波的传播方向垂直的波。“这种波”（有时称之为“墨西哥波”）的一个例子可以在运动场里见到。不同的单个粒子（即球迷）是上下运动的，但波是围绕运动场传播的。

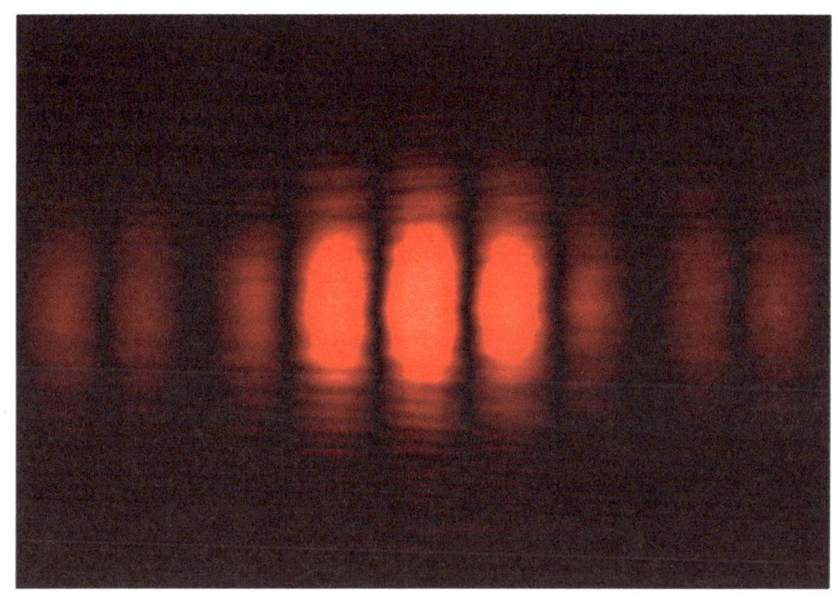

根指南针偏转了。这是电与磁之间有关系的第一个指征。在这一线索之后，1831 年，迈克尔·法拉第[43]发现了电磁感应现象。法拉第证明，在一个线圈中的变化电流会在另一个线圈中瞬时引起电流。而这正是奥斯特注意到的现象的逆现象。磁可以感应电，但磁场强度必须是变化的。

上图　用一束来自红色氦氖激光器的相干光（波长 632.8 nm）照射两个距离很近的 25 微米宽狭缝（即所谓“双缝”）。

将所有这些令人困惑的线索编织成一项优雅理论的人非苏格兰物理学家詹姆斯·克拉克·麦克斯韦莫属。对那些认为伟大的发现总是在灵光一闪中形成——就像威廉·若宛·汉密尔顿发现四元数——的人来说，麦克斯韦提供了一个很有说服力的反证。他花了好几年时间研究电磁现象，逐步画出了这幅现在以麦克斯韦方程著称的美妙油画。

1855 年，麦克斯韦在他的征途上踏下了第一步：他严肃地看待法

N
S

拉第对于磁铁形成的“磁力线”的描述。如果把铁屑撒在磁铁周围，你就可以很容易地看到这种线。法拉第认为，在磁铁周围的空间中充斥着这种“磁力线”，即使不存在铁屑也是如此。麦克斯韦给了这种看不见的曲线组合一个名字：磁场。他同时假定，存在着传递电力的电场。

生活在21世纪中的我们早已完全习惯了自己生活在电场与磁场之中这一想法。所以这可能需要我们进行有意识的努力，才能想象得到，在19世纪50年代，这样的想法对人们的思想观念具有何等根本性的冲击。什么是电场？你看不到它也摸不着它。那你怎么知道它会存在？

对麦克斯韦场理论的另一个障碍又是牛顿遗留下来的学说。在牛顿的引力论中，距离遥远的行星间的相互吸引力与它们之间距离平方的倒数成正比。在一段时间里，电与磁的行为方式似乎与此完全相同。物理学家全盘接受了这种“远程作用”的想法。但法拉第和麦克斯韦质疑这种信念。他们认为在两个电荷或两个磁铁之间的力是它们之间的场造成的。在牛顿的世界中，空旷的空间内一无所有。但在麦克斯韦的世界中，空旷的空间中到处都是电势与磁势。

左页图　用铁屑揭示两块条形磁铁产生的磁场磁力线。

在发表了第一篇文章的六年之后，麦克斯韦在他的科学油画上又添上了一笔。他把电想象为在电场与磁场存在的媒介中的弹性力。让人很感兴趣的是，他还没有放弃机械的思维方式来在更大程度上接受数学的灵活性。他的第二篇论文依赖于一种极其复杂的模型，其中以大量自旋涡流代表磁场，以大量反自旋的“空转轮”代表电场。他的第三篇论文将抛弃所有这些精密的机械装置。

如上所说的弹性力正是横波传播所必需的。不但如此，还有一项波在一切弹性介质中的简单速度公式。类比推理让麦克斯韦最后得到了一个电磁波的速度公式。当时他在自己苏格兰的家中度过了一个夏天，但却无法找出必须嵌在他的方程中的物理常数。但当他在 1861 年秋天回到他在伦敦国王学院的办公室里时，他算出了电磁波的速度为 310740000 米 / 秒。作为比较，1849 年，一位名叫阿曼德·斐索[44]的法国物理学家所测得的光速为 314850000 米 / 秒！（当前接受的数值为 299792458 米 / 秒。实际上，自 1983 年起，米就被定义为光在 1/299792458 秒内通过的距离，所以现在的光速是由定义确定的，而不再是由实验得到的常数。）麦克斯韦想：这两个常数如此接近，这不可能是巧合。在宣布这一结果的论文中他用斜体字写道："我们将几乎无法避免地推断，光是由引起了电现象与磁现象的同一种介质的横波波纹组成的。"

但麦克斯韦并没有就此止步。在使用机械类比发现了电磁波与光波是同一种物质之后，他意识到他现在可以不再使用旋流和逆转齿轮，而可以完全通过数学推出结果。到了他在 1865 年写下第三篇论文的时候，余下的只不过是简简单单的一套四个偏微分方程，它们在真空中任意点上将电场（E）与磁场（B）联系在一起。

这四个方程本身并非完整的电磁学理论。尤其是，它们缺乏任何物质粒子如电荷与磁铁对于电场 E 与磁场 B 有何种反应的任何信息。使用犹太教与基督教的类比，麦克斯韦方程所代表的，是在上帝说了"要有光"之后、但在他创造了任何其他东西之前的宇宙状态。为把物质世界与之结合，麦克斯韦又添加了另外一些条件（用以代表电荷密度和电流强度）和其他方程。

麦克斯韦的大部分方程并非他自己首创。这些方程分别叫作"高斯定律""法拉第定律"和"安培[45]定律"。麦克斯韦仅有的新贡献是当考虑电流时加入安培定律的修正项。尽管如此，他认识到这些方程可以放入同一个系统，以及他有关电场和磁场是基本媒介的想法，这些完全是麦克斯韦的功绩。同样，发现这些方程中唯一的物理常数光速 c 是一个不变的基本物理常数，这也是麦克斯韦的功绩。

本书前面曾说过，欧拉的公式 $e^{i\pi}+1=0$ 被《数学信使》杂志的读者选为有史以来最优美的公式。《物理世界》于 2004 年进行了一次类似的评选。这一杂志的读者选择麦克斯韦方程作为历来最伟大的公式，这一点完全不会令人惊讶。因为这些方程如此简练、如此对称、得来如此不易，而且它们解释的东西如此之多。

与这一部分中描述的其他革命性发现一样，这些方程在当时却默默无闻。与麦克斯韦同时代的人们完全不知道它们有什么重大用途。“我无法理解任何我无法全程做出力学模型的东西；这就是我无法理解电磁理论的原因。”1884 年，开尔文勋爵威廉·汤姆森（也就是那个同样无法“理解”四元数的开尔文勋爵！）如是说。

时光荏苒，岁月如梭。麦克斯韦方程的重要性日益明显。它们预言电磁波可以以不同的波长存在，例如我们今天叫作微波、红外线、紫外线和 X 射线的那些光波就都是电磁波。它们预言这样的波可以通过振荡电场产生。1901 年，古列尔莫·马可尼[46]正是利用这一原理发射了第一束无线电波。它们暗示光本身可以产生压强。果然不错，研究人员在 20 世纪发现了“太阳风”，它揭开了彗星尾部所指的方向背离太阳的千古之谜。而在 1905 年，它们为阿尔伯特·爱因斯坦指明了发现相对论的道路，这一点我们将在下一章讨论。

第四部分

我们这个时代的定理

最能代表 20 世纪时代精神的科学家非爱因斯坦莫属。他是顽童与预言家的结合体。他时而在一幅著名的照片中伸出舌头，时而又在另一幅中以厌世嫉俗的目光凝视着我们。他的头发乱作一团，他对社会传统缺乏关心：这正是科学的流行图像。他是古往今来第一位摇滚歌星式的科学家。

在某些意义上说，爱因斯坦可以成为科学派驻世俗界的最佳使节。他的名声实至名归。他不是一次，而是一而再、再而三地改变了物理学家的世界观。他是认识了光的量子化性质的第一位物理学家；他是意识到物质与能量间等价关系的第一人；他的名字是相对论的同义词。而他同时也超越了科学的界限。他用他的名声推动和平主义的发展，至少在纳粹德国的兴起使他无法保持这一立场之前一直如此。1940 年，他向富兰克林·罗斯福总统警告了原子弹的可能威胁，此举为曼哈顿计划铺平了道路，并深刻影响了战后世界的力量平衡。

爱因斯坦做出的发现是他的性格、他所生活的时代以及他的智力这三者的共同结晶。从本质上说他乐于质疑权威。其他物理学家们犹豫于摈弃千百年来的传统，而爱因斯坦非但对此毫不在乎，甚至乐此不疲。对于他来说幸运的是，他是在物理学家拥有了他们已经彻底理解了的三大成熟理论——力学、电磁学和热动力学——的时代跨入成年的，而这三大理论之间却以微妙的方式存在着本质上的矛盾。当其他人试图对这些矛盾视而不见的时候，爱因斯坦则敢于正视它们，并指出了如何解决矛盾的方法。

令人感到新奇的是，爱因斯坦在他早期的职业生涯中并不是一个数学爱好者。他过去的数学老师赫尔曼·闵可夫斯基[1]曾经写道："他在大学里是一条懒狗。他从来就没正眼看过数学一次。"但爱因斯坦的态度随着时间发生了彻底的变化。1908 年，闵可夫斯基以数学方法重新书写了狭义相对论，帮助这一理论赢得了人们的承认。如果爱因斯坦不能理解非欧几何，他永远也不可能写下他的广义相对论。到 1912 年，爱因斯坦已经公开宣布他对数学已经不再厌恶："我逐渐对数学有了极大的尊重；直到最近，我才在不知不觉之间认识到，它更为精妙的部分简直就是纯粹的享受！"

有时候，后入教的皈依者会成为最好的传道者。虽然爱因斯坦是一位不情不愿的数学家，但说他增加了数学这一学科的光彩，这一点他当之无愧。因此，我们选择爱因斯坦作为我们对 20 世纪的数学定理史的起点，是顺理成章的。

19

光电效应

量子与相对论

20 世纪物理学最伟大的革命开始于一个看上去无足轻重的实验现象。1887 年，德国物理学家海因里希·赫兹[2]注意到，如果用光（特别是紫外光）照射电极，则与无光照的情况相比，电极之间更容易放电。

另一位德国物理学家菲利普·莱纳德[3]在 1902 年证明，用光照射金属能让该金属发射当时人们说的“阴极射线”，即现在所说的电子。如果电子带有足够的动能，它们就能产生赫兹观察到的电火花。这一现象后称光电效应：由光产生的电子。通过改变入射光的强度与频率（即光的颜色），莱纳德发现了光电效应的一些奇特现象。在红光照射下，无论光的强度有多大，绝不会发生光电效应。同样，当光的强度加大时，光电效应产生的电子的能量也不增大。只有光频率的增加才能增大电子的能量。

1905 年，时年 26 岁的瑞士伯尔尼专利审查员阿尔伯特·爱因斯坦对莱纳德观察到的现象提出了一个革命性的解释。他假定光的“行为如同一个由能量量子组成的不连续介质”。现在人们称他的“能量量子”为光子。爱因斯坦认为，每个光子都带有特定量的能量，这一能量与光的频率 v 成正比：$E = hv$。

$$E = mc^2$$

E代表某物体的能量；m代表其静止质量；c为光速，其值为299792458米/秒。爱因斯坦公式意味着：物质是能量的一种形式。

光的量子化意味着，对光能的吸收是一个“或者全部或者全不”的过程。当一个光子撞击金属表面时，它不能像通常的波那样被部分吸收、部分反射。如果它被吸收，则它的全部能量就都会进入目标。如果这一能量超过了把电子束缚于金属表面的结合能 P，金属就会发出特征能量为 $hv - P$ 的电子。

爱因斯坦的光量子假说解释了红光无法导致光电效应的原因。红光的波长长于绿光或者蓝光，而频率则比它们的低。因为其频率 v 较低，所以红光的光子就没有足够的能量击出电子，换言之，$hv < P$。如果保持红光光频不变，但增大光强，你就增加了光子的数目，但这些光子的能量都不足以产生光电效应。

光子的奇异行为会带来实际的后果。例如，近年来人们对于使用手机与罹患癌症之间的关系颇有争议。把手机贴近你的头部会增加你受到的辐射。因此，按照常识，这似乎会增加辐射损害细胞的危险。然而，这种说法完全没有道理。如果一般公众能够理解爱因斯坦百余年前发现的光的量子化现象，对手机有可能危害健康的担忧就根本不会开始。

通过击出原子中的电子，辐射让这些原子更易发生过度反应，因此会损害生物组织。正如在光电现象的情况那样，这里的重要因素是辐射的频率，而不是辐射的强度。手机辐射的是红外光，它的频率比红光的频率更低，因此其能量低于从金属中击出电子的能量阈值。而且，我们的身体并非金属组成的！我们身体中的原子对电子的束缚高于金属。由于这两项原因，红外光对我们是完全安全的；它不会电离我们体内的原子。红光、绿光和蓝光也是完全安全的。否则我们就必须生活在穴洞里，避免暴露在绿草面前与蓝天之下。

只有当我们暴露在更高频率的辐射之下，例如紫外光与X射线时，我们才有必要开始担心辐射会引起癌症这一问题。如果光的频率足以电离我们体内的原子，这时的光强度就开始成为问题了，但在此之前没有担心的必要。

右页图　绰号“小男孩”的原子弹轰炸广岛。这是第一次在战争中使用原子弹。

对于爱因斯坦那个时代的物理学家来说，光量子假说不但完全与常识背道而驰，而且也与一个世纪以来的理论完全对立。关于光是粒子还是波动的争论从19世纪早期就一直在进行，并以波动说的胜利告终。麦克斯韦方程组已经证明，光是一种电磁波。

现在爱因斯坦又重新提出了一个似乎早已一劳永逸地解决了的问题。他的观点受到了较为年长的物理学家的非难。马克斯·普朗克[4]在1913年写道：“爱因斯坦的推测有时候说过了头，他的光量子假说就是一个例子。”1916年，罗伯特·密立根[5]在著作中认为，人们可以称这一假说“过分鲁莽”。尽管如此，密立根自己的实验却证明爱因斯坦是正确的，而6年以后，爱因斯坦则因他对光电效应的解释获得了诺贝尔奖。

实际上，爱因斯坦的公式 $E = h\upsilon$ 所能解释的远远超过了一项不那么重要的实验效应。它打响了量子革命的第一枪。量子力学以一种完全矛盾的形式解决了“粒子与波动之争”的百年疑案：光既是一种粒子，

也是一种波。它看上去“像什么”取决于你如何审视它。如果你测量它的频率与波长，光看上去像波；如果你通过光电效应来为光子计数，那时候的光看上去像粒子。

任何用普通语言描述这种波粒二象性的企图往往都会归于失败，因为在我们的宏观世界中根本没有与此类似的经验。直觉与常识经常让我们误入歧途，就像我们在前面手机的例子中看到的那样。在亚原子世界中，数学才是我们唯一的可靠指南。

如果爱因斯坦只是一位普通的科学家，或者他只是一位普通的诺贝尔奖得主，公式 $E = h\upsilon$ 都足以成为他一生事业的最高成就。然而，这一公式就连他以 E 打头的最著名公式都算不上！自然，这一殊荣当仁不让地落到了他最早在 1905 年写下的另一个公式头上，那就是：

$$E = mc^2$$

这一公式以优美的简单形式表示了物质与能量间的等价性。一个质量为 m 的粒子具有能量 E，其值为粒子质量与光速（c）的平方的乘积。因为光速极为巨大，因此，即使一丁点儿物质也能转化为庞大的能量。1945 年对日本广岛的核轰炸极好地证明了这一点。原子弹“小男孩”含有大约 140 磅（64 公斤）浓缩铀。在爆炸中实际转化为能量的物质的重量只比一颗气枪子弹大一点点。一颗气枪子弹便足以摧毁一座现代城市。

当爱因斯坦在 1905 年发现了能量与质量之间的等价性时，他还没有预见到它的可怕后果。他在给朋友的一封信中写道：“要把相对论原理与麦克斯韦方程组联系起来，质量就应该是物体所含能量的一种量度；光就应该具有质量。镭的质量一定会发生可检测的减少。这一想法很有趣，很有感染力；但上帝是不是在发笑，他是不是在牵着我的鼻子带领我，这我还不知道。”40 年后，整个世界得知，上帝并没有发笑。

爱因斯坦是怎样发现了他最著名的公式的呢？这需要回头叙述他 1905 年的第二项伟大发现：狭义相对论。

牛顿运动定律在任何惯性参照系——即以匀速运动的参照系——中都成立。如果你在一辆以每秒 100 米的速度运行的火车中旅行，你会觉得，这就好像是火车静止不动，而周围景物正以每秒 100 米的速度在你面前疾驰而过一样。没有一项物理实验能够告诉你这二者之间的差别。在火车之内，沿直线运动的物体会继续沿直线运动（牛顿第一定律）。在火车上，一个作用力会根据 $F = ma$ （牛顿第二定律）产生加速度。另一方面，如果火车突然减速或加速而让它的速度不再恒定，这时你才能发现其中的差别。

然而麦克斯韦的电动力学方程组的行为似乎有异于这一方式。回想一下：光速在麦克斯韦方程组中作为常数出现。因此，如果把相对论原理应用于麦克斯韦方程式，则在任何惯性参照系中对光速进行的任何测量都会得到同样的结果：299792458 米 / 秒。

但这一事实导致了一项悖论。如果一辆汽车以每秒 120 米的速度行驶，你乘坐在它后面一辆以每秒 100 米的速度运行的火车旅行，这时在你看来，汽车的速度就慢得多，只有每秒 20 米。与此类似，如果你在追逐一道光波，它看上去就应该比它的正常速度慢 100 米 / 秒，即 299792358 米 / 秒。或者，如果你迎头接近一道光波，它看上去就应该比它通常的速度快 100 米 / 秒。

实际上，我们确实或多或少地生活在一辆运动的火车中，我们称它为地球。因为我们围绕太阳运行的轨道在一年中不同的时候有不同的方向，所以按照物理学家的推理，来自一个遥远的恒星的光的速度看上去应该是变化的，其数值取决于我们是朝向或是远离这一恒星运动。但许多实验，包括 1887 年阿尔伯特 • 麦克尔逊[6] 和爱德华 • 莫雷[7] 所做的著名实验，都未能发现任何这种改变。当爱因斯坦还是学生时便了解了这些实验。

爱因斯坦争辩说，这些实验之所以失败，是因为本来就没什么可供发现的。他把相对论原理提高到了一个公设假定的高度：物理定律在一切惯性参照系中都是一样的。特别是，这意味着光速是一个普适常数。我们不必放弃麦克斯韦方程组，也不必放弃牛顿定律。但我们必须改变它们的形式。在以上例子中，人们用常识对速度进行加减，但这是不正确的，必须以更为精巧的公式代替。更为重要的是，我们必须放弃我们对空间与时间的常识观念。按照爱因斯坦的看法，我们无法发现光速有任何改变的原因是：长度与时间都是相对的。它们取决于你的参照系。

下图 阿尔伯特·爱因斯坦（1879—1955）。

设想你在一辆火车上，它正在以每秒 100 米的速度从静止不动的阿尔伯特身边驶过。当你的火车呼啸而过时，阿尔伯特（假设他有强大的观测能力）会注意到，你的列车比它静止的时候短了一点，而且他也会注意到，你手腕上戴着的手表跑得慢了一点。如果当你在车厢里驶过他身边的一瞬间调整你和他的手表，让它们这一刻都正好是 10∶00，则他会因时间延迟效应而比你早些看到自己的手表走到 10∶01。但你会同时坚持是你自己的表先走到 10∶01 的！而其实你们俩都没错。当来自他的数字手表的光波进入你的眼帘显示 10∶01 时，你的手表已经先期显示了 10∶01。阿尔伯特的情况与此一般无二。在爱因斯坦的宇宙中不存在时间的绝对测量，而且在那一宇宙中其实也没有“之前”与“之后”的绝对概念。

我们通常无法感觉空间缩小或时间延迟的唯一原因是，我们通常的运动速度与光速比较微乎其微。因此这一效应极为微小。但用精密的仪器还是有可能检测相对论的预言的。一个被投入绕地轨道的时钟在被带回地球后确实慢了几个纳秒。全球定向卫星考虑到了相对论效应。你的全球定位接收器比较来自几个不同卫星的信号，为的是确定你距离它们各有多远。这些卫星中的每一个都以高速相对于你运动，这样，它们的时钟将因时间延迟效应放慢。由于全球定位系统，我们现在生活在一个应用相对论的时代。

如前所述，爱因斯坦建立了两个不同的相对论理论。他在 1905 年建立的“狭义相对论”中假设，从任何以匀速运动的参照系即惯性参照系中观察，物理定律都是不变的。但在以非匀速运动的加速参照系中情况有所不同，这一点一直让爱因斯坦不安。他花了几年时间寻找一种真正广义的相对论，在这种理论中，无论观察者处于何种参照系，物理定律都将表达为同样的方式。

他的关键性见解是：加速度与引力之间是不可分辨的。我们可以从围绕地球旋转的宇航员的情况清楚地看出这一点。通常我们说他们处于“失重”状态，但事实上他们还完全处于地球的引力场内。他们感觉不到地球引力，因为他们和他们的整个飞船是在做自由落体运动。根据爱因斯坦的“广义相对论”，在引力场内的自由落体运动和在不存在引力场的一部分空间内的匀速运动之间没有可以分辨的不同。

广义相对论的数学比狭义相对论的数学要艰深得多。看看爱因斯坦的场方程，你就能对此得到一个大致的概念；爱因斯坦用这些方程代替了牛顿的引力定律：

$$R_{\mu\nu}-\frac{1}{2}g_{\mu\nu}R=\frac{8\pi G}{c^{4}}T_{\mu\nu}$$

标记 μ 和 v 代表时空的四个坐标，每一对标记（00、01、02、03、11、12、13、22、23 和 33）对应于一个不同的方程。由此，上式

Punkt von einer gewissen Masse M ansehen. Man erhält dann für die Energie $\mathcal{E}$ der Platte inbezug auf Σ unter Berücksichtigung des Umstandes, dass dieselbe inbezug auf Σ' sich in Ruhe befindet, gemäss (28) den Ausdruck

$$\mathcal{E} = \frac{Mc^2}{\sqrt{1-\frac{v^2}{c^2}}}$$

Diese Gleichung gelte für den Zustand der Platte vor Aussendung der beiden Licht-wellenzüge. Nach Aussendung der Wellenzüge hat die Energie der Platte inbezug auf Σ' um $-2\eta' = \Delta\mathcal{E}'$, inbezug auf Σ um $-(\eta_1+\eta_2) = \Delta\mathcal{E}$ zugenommen. Zwischen beiden besteht wegen (29) die Gleichung

$$\Delta\mathcal{E} = \frac{\Delta\mathcal{E}'}{\sqrt{1-\frac{v^2}{c^2}}}$$

Nach diesen zwei Gleichungen ist die Energie $\mathcal{E}+\Delta\mathcal{E}$ der Platte nach der Aussendung der Wellenzüge gegeben durch

$$(\mathcal{E}+\Delta\mathcal{E}) = \frac{(M+\frac{\Delta\mathcal{E}'}{c^2})}{\sqrt{1-\frac{v^2}{c^2}}}$$

Dieser Ausdruck ist nach (28) gleichlautend wie der Ausdruck der Energie … der Geschwindigkeit v bewegten Platte von der Masse $(M+\frac{\Delta\mathcal{E}'}{c^2})$,

实际上由 10 个不同的方程组成。

爱因斯坦场方程的左端是空间曲率的测度，右端是“应力－能量张量”，代表物质与能量（二者等价！）的传播。相对论理论大师约翰·惠勒[8]言简意赅地表达了这些方程的含义：“物质告诉时空如何弯曲，弯曲的空间告诉物质如何运动。”在上述方程指导下，人们才有了黑洞的发现和宇宙大爆炸理论；而在与世人关系更为密切的层次上，这些方程为全球定位卫星提供了额外的修正项。事实上，广义相对论对全球定位系统的修正大于狭义相对论的修正。

正是广义相对论使得爱因斯坦预言了光线在引力场内的弯曲。例如，来自遥远的恒星的光线在来到太阳附近时有所偏转。当这一预言为 1919 年人们在发生日食时进行的测量证实之后，一夜之间，爱因斯坦名重天下。

现在让我们回答我们早先提出的问题：爱因斯坦是如何认识到物质与能量间的等价性的呢？到他 1915 年写下广义相对论方程的时候，这一等价关系已经融化在他的思想中了。但在 1905 年，当他还只是一个专利审查员时，广义相对论还没有在他的心田上投下一丝曙光。他手中掌握的武器还只有狭义相对论。

上图　阿尔伯特·爱因斯坦的广义相对论论文手稿中的一页。他把阐述这一开拓性理论的论文的全部原始手稿捐赠给了以色列自然与人文科学院。

爱因斯坦是在追寻一个看上去无关痛痒的现象的逻辑结论时发现他这一最为著名的公式的。他当时问道：如果一个物体向相反方向发射两个光子，而且人们在两个不同的惯性参照系中观察这一现象，一个参照系与物体一起处于静止状态，而另一个参照系则以速度 v 垂直于光子的发射方向运动；这时会出现何种情况？他证明，这些光子将在运动参照系的坐标上发生蓝移（即频率增大）。因此，根据他的第一个公式 $E = hv$，这些光子一定会有更高的能量。爱因斯坦认为，这些能量只可能来自发射它们的物体的动能。牛顿的动能公式是 $1/2mv^2$，即质量之半与速度平方的乘积。但当物体发射光子时，它在运动坐标系中的速度无法改变，因为它们的动量相互抵消。因此一定是质量发生了变化！物体把质量转化为能量，转化了的质量的数量可以由下式计算：

$$m = \frac{E}{c^2}$$

历史上最著名的公式由此而来。

对于数学纯粹主义者来说，爱因斯坦的论文《物体的惯性取决于它含有的能量吗？》既优美又令人震惊。这篇论文只有区区三页。在其中可以看到，爱因斯坦是怎样用自己思想的脉络把光量子假说与狭义相对论编织在一起，让它们结合，犹如演奏二重奏的两件乐器。这真是一件奇妙的事情。但作为一位不拘形骸的天才、我们的这位作曲家从没有正眼看过数学课的“懒狗”特征仍旧历历在目。爱因斯坦其实并没有证明 $E = mc^2$！他曾经做过近似处理，因此他只是证明了 $E \approx mc^2$（也就是说，能量与物质大体等价）。他没有真正下手确定这一近似计算的误差是多少。看上去他似乎根本就不在乎。为什么要用迂腐的数学证明来糟蹋这样一个“很有趣、很有感染力”的想法？当然，爱因斯坦和其他人后来曾经回过头来对这个最重要的原理进行了更为严格的论证。

20
从劣质雪茄到威斯敏斯特大教堂
狄拉克公式

到了 1922 年，爱因斯坦已经成了世界知名的人士，这主要归功于他的广义相对论。与此同时，由他一手发起的量子革命也方兴未艾，但爱因斯坦却基本上没有参与这场革命。物理界局势动荡，对这一崭新的量子物理学的怀疑者与支持者人数同样众多。即使是那些支持者，他们对于到底应该在多大程度上笃信这些理论也心怀惴惴。

什么是量子物理？是什么让它具有如此宏大的革命性？从最根本的意义上说，这一学说只不过是断言：物理学家们所测量的能量、电荷、角动量等都是量子化的。它们并非无限可分的；能量、电荷等等全都存在着一个最小单位。

就其本身来说，这一断言似乎只是很有趣，但几乎算不上什么革命。但当你开始发掘细节时，它的革命性含义就变得明显了。单个量子的表现与我们在宏观世界上习惯了的任何东西都有所不同。例如，爱因斯坦告诉我们，一个光子既是粒子又是波。这怎么可能？我们的本能早已适应了粒子就是粒子、波动就是波动的宇宙，它对解释这样的现象无能为力。因此，数学就成了能够在这里指引航程的唯一灯塔。

$$E\psi = [i\beta m + \alpha \cdot p]\psi$$

ψ代表波函数。举例来说，波函数可以代表电子所处的状态。E代表电子的能量，m代表其质量，p代表其动量。α与β都是自旋矩阵或称“旋量”。狄拉克方程修正了爱因斯坦方程，认为粒子的能量取决于其质量、动量与自旋。

量子理论对角动量量子化的另一项预言似乎要求粒子具有不可思议的杂技本领。

那时人们相信，一个质量为 m 的粒子的自旋量子数为 $mh/2\pi$，此处 h 为普朗克常数，它也出现于光量子能量的公式中。如果你测量粒子绕任何轴自转的角动量，你就会得到上述量子的倍数。经典物理中根本不可能发生这样的现象。按照经典理论，一个如行星或保龄球一类的粒子在你测量之前有预先存在的旋转轴，无论人们测量与否，这一旋转轴始终存在。你选择的测量方向可能偏移这一旋转轴。如果出现了这种情况，你只能测到一部分角动量。

但对于量子化的粒子来说，对角动量的任何观测都是一种“或者全部或者全不”的事件。你或者会沿着你选择的轴观察到全部角动量，或者观察不到任何角动量。看上去，就好像粒子正在等着你去测量，然后在测量的瞬间“决定”它是否绕你选择的轴自旋。这种所谓观察者似乎影响受测系统的“观察者效应”在量子物理中处处可见。举一个例子：还记得吧，光子似乎在根据观测者选择进行的实验来决定它自己是粒子或是波。

上图　量子粒子的一种数码解释。

德国法兰克福的两位物理学家发现了一个绝佳的机会来测试或否定量子理论。奥托·施特恩[9]和瓦尔特·格拉赫[10]发明了一种发射银原子束的方法。根据量子理论，当磁场作用在原子束上时，原子束中的原子将——取决于它们的旋转轴——或者向右或者向左偏转。如果它们沿磁场的轴反时针方向自旋（“自旋向上”），它们会朝一个方向偏转。如果它们顺时针方向自旋（“自旋向下”），它们就会向另一个方向偏转。因此原子束会分裂为两束。

然而，如果世界是按经典物理学描述的方式运行的话，银原子的自旋方向将是随机而定的。有些原子会向某一个方向略有偏移，其他的一些会朝相反的方向略有偏移，而且所有的偏移量都有所不同。银原子束不会分裂为两束，而是会变宽，形成一个弥散的扇状束。哪种理论会被证实为真呢？

遗憾的是，当施特恩和格拉赫第一次观察他们的接收屏幕时什么也没看到！他们的原子束太弱，到达屏幕的银原子数量太少，无法检测。

但当施特恩躬身俯向屏幕，格拉赫在他肩膀上探头探脑时，他们在原来什么都看不到的地方看到两道暗线如同变戏法似的隐约出现。按照施特恩后来的推测，发生这种情况的原因是他和格拉赫都抽雪茄。“我的工资太低，买不起好雪茄，只好抽廉价雪茄，”他这样写道，“这些雪茄中含有不少硫，结果我呼出的气就让屏幕上的银变成了硫化银，而硫化银是深黑色的，这就容易观察了。这和洗胶卷是一个道理。”后来人们在 2003 年重做了这一实验，结果表明“雪茄气”不足以显示施特恩描述的结果，但如果直接让银原子穿过雪茄烟雾则有效；或许当时发生的情况就是如此。

就这样，一根雪茄确认了量子理论的假说：银原子束一分为二。然而故事并没有结束。回顾过去，现在物理学家知道，施特恩和格拉赫观察到的现象并非他们追寻的初衷。当年哥伦布翘首以望的是印度，但却以发现美洲取而代之。这两位物理学家本来寻找的是围绕银原子核旋转的电子的轨道角动量；而他们真正发现了但却没有意识到的，是电子本身的自旋。一石激起千层浪，这一发现激起的反响任何人都始料未及。

有些物理学家曾考虑过电子能够自旋的可能性。然而，为了达到 $mh/2\pi$ 的角动量，电子必须以高速自旋，以至于其外层表面的转速将超过光速！根据相对论那当然是不可能的。

剑桥大学的一位年轻毕业生保罗·阿德里恩·毛里斯·狄拉克[11]于 1927 年开始试图统一电子的量子力学与狭义相对论。他从爱因斯坦本人写下的公式 $E^2 = m^2c^4 + p^2c^2$ 着手。

这一公式看上去或许有些眼熟：这就是质能等价定律 $E = mc^2$，但经过修正，包括了电子的角动量 p。另一个一目了然的改变是，这一公式现在给出的是能量的平方而不是能量本身。狄拉克确信这是一个缺陷，他想要找到一种在公式两边开平方的方法。然而他认为直接在前面写下平方根号是他无法接受的。他具有高度的物理学审美观，曾多次说物理公式必须是优美的。狄拉克认为平方根很丑陋。

狄拉克代之以如下形式书写电子的公式：

$$E = \alpha_1 p_1 + \alpha_2 p_2 + \alpha_3 p_3 + i\beta m$$

此处 p_1、p_2、p_3 代表电子动量在三维空间中的三个成分。神秘的数量 α_1、α_2、α_3 和 β 之间满足如下关系：

$$\alpha_1^2 = \alpha_2^2 = \alpha_3^2 = -\beta^2 = 1$$

$$\alpha_1\alpha_2 = -\alpha_2\alpha_1$$

$$\alpha_2\alpha_3 = -\alpha_3\alpha_2$$

以及 $\alpha_3\alpha_1 = -\alpha_1\alpha_3$

我在此给出这些公式的目的是为了说明：它们实际上与 80 年前威廉·若宛·汉密尔顿写下的四元数公式毫无二致！不同的只有名字，还有第一个等式中的 -1 被改成了 1。在某种意义上，狄拉克重新发现了四元数，尽管他是以 4 × 4 矩阵的形式写下的。

狄拉克对爱因斯坦的公式的另一处改动，是把能量改写为作用在波函数 ψ 上的一个算子。这是与量子力学的哲学一致的：一个粒子的任何可观察的数量并不单单是一个数值，而且是作用在那个粒子上的一种物理操作。这就是观察者是量子力学的一个内在部分的原因。于是，狄拉克方程的最后形式如下：

$$E\psi = (i\beta m + \alpha \cdot \bar{p})\psi$$

为方便起见，我在此把三个α矩阵浓缩成一个符号α，并把动量写成一个单一的矢量p。为使这一公式在数学上成立，波函数ψ必须形如四元数，是一个有四个成分的事物。出于下述两个原因，这一点实际上是这个方程最让物理学家感到困惑不解的地方。

首先，它有四个成分而不是两个。物理学家们能对其中两个成分找出合理的解释——它们代表着电子自旋向上和自旋向下的状态；但另外两个成分又意味着什么呢？

其次，这一波函数的行为不像矢量（时空中的“箭头”）。当你把空间旋转360度时这一波函数只旋转180度，因此电子从“自旋向上”变为“自旋向下”。

上图　保罗·狄拉克正站在黑板前揭示氢分子的一种量子力学模型。

第二点说明电子与保龄球或行星不同。然而，“费因曼[12]盘技巧”或“狄拉克腰带技巧”的名字为人们提供了极富独创性的类比。请你伸出手来，把手放在身体前方，同时张开手掌，并在手掌上放一个盘子。然后你保持手掌张开向上，同时让手臂沿圆形转动使盘子转动360度。你会发现自己的手臂处在一种非常尴尬的位置上；跟盘子不同，你的手臂并没有回到原来的位置，而是只旋转了180度。如果你再次旋转盘子一周，这时你的手臂才会回到让你舒服的正常位置上去。整个“手臂加盘子”这一系统的行为就像一个四元数。

虽说爱因斯坦的公式 $E = mc^2$ 更加广为公众所知，但或许狄拉克的公式对于物理学家与数学家来说具有更为重要的意义。2002 年，麻省理工学院的弗朗克·韦尔切克[13]在为狄拉克 100 周年诞辰的纪念文章中写道：“在所有物理公式中，狄拉克定理或许是最有‘魔力’的一个。这是人类最富于畅想的发明，而同时又最不受实验限制；它带来了最为奇特、最令人震惊的结果……它是决定基础物理发展方向的枢纽。”

为什么它让物理学发生了如此巨大的改变？让我们从电子波函数的两个额外成分谈起。狄拉克将其解释为具有负能量的粒子，或者是空间的“黑洞”。它们应该是形如电子的粒子，但带有正电荷。这一想法是他犹豫再三之后于 1941 年提出的。其他物理学家将之视为笑柄。沃尔夫冈·海森堡写道：“现代物理学最凄惨的一章现在是，将来也会是狄拉克的理论。”

右页图　电磁粒子雨。粒子的轨迹（从底部向顶部运动）表明，高能 γ 射线光子创造了多重电子 − 正电子对。

但还不到一年，加利福尼亚理工大学的卡尔·安德森[14]就在一次实验中发现了狄拉克预言的带正电荷的电子，即正电子。这是世上第一次，一位理论物理学家通过纯粹数学的手段成功预言了过去未知的粒子的存在。今天的理论物理学家们乐此不疲，他们偶尔也能撞上大运。狄拉克的发现全然改变了游戏规则；理论家们不再必须等待实验结果了。

正电子也是人们发现的第一个反物质粒子。物理学家们现在明白，每一种粒子都有一种与之对应的反粒子；如果一个粒子与它的反物质双胞胎相遇，两个粒子就会湮灭。于是，狄拉克公式导致了一个尚未解决的新问题：为什么宇宙中的物质多于反物质？为什么宇宙不是空荡荡的？

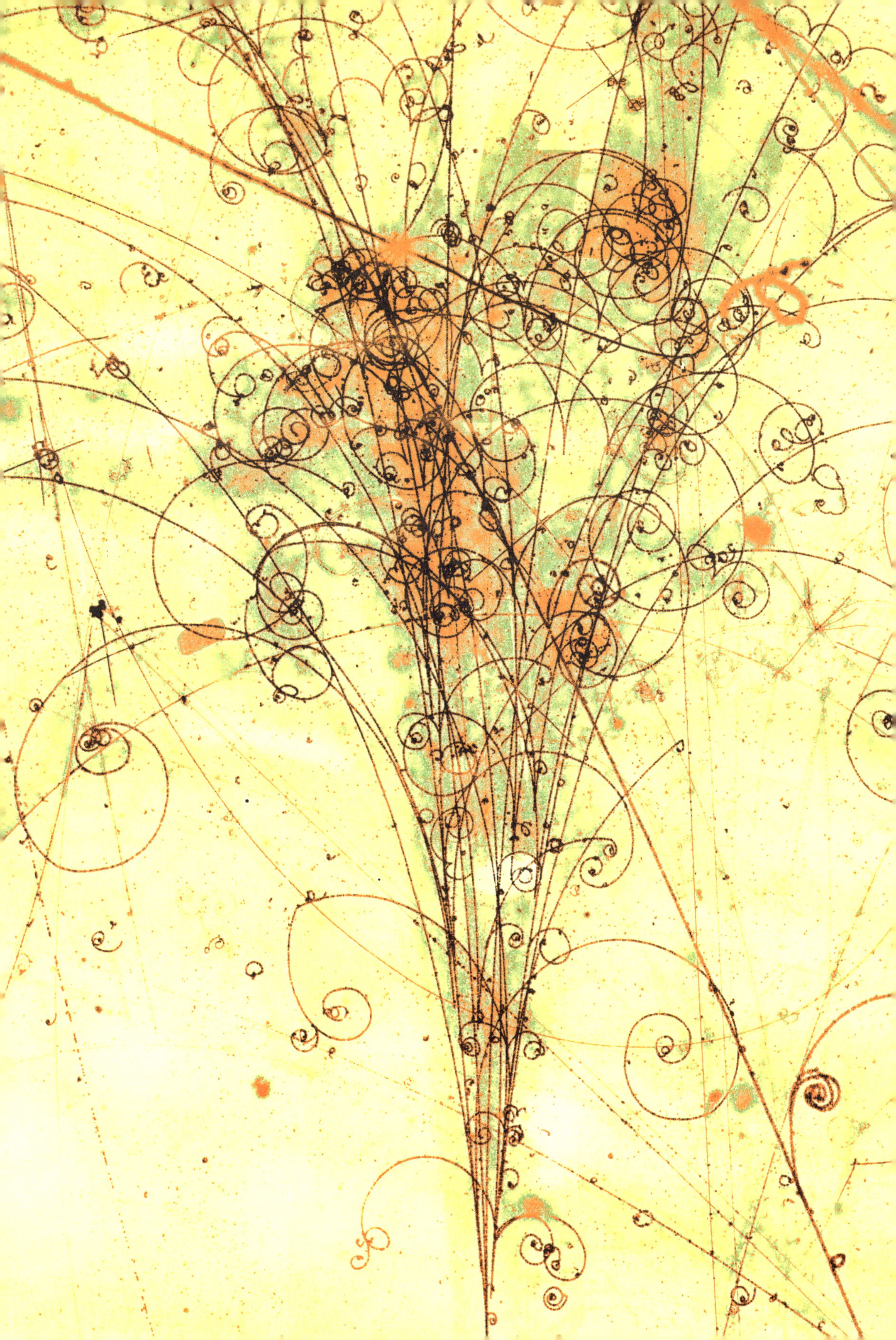

狄拉克方程也揭示，我们的宇宙中有两种根本不同的量子粒子。有些粒子的自旋为 0，±1，±2，等，它们具有矢量波函数，我们称之为玻色子。例如光子就是玻色子。其他粒子如电子，它们的自旋是 $\pm^1/_2$，$\pm^3/_2$ 等，它们具有四元数（或称“旋量”）* 式的波函数，我们称之为费米子。所有普通物质的基本粒子——电子、质子和中子——都是费米子。

玻色子喜欢凑在一起；这便让激光应运而生。一束激光光线是同种量子状态的光子的集合。费米子则喜欢独往独来，你永远不会发现两个有相同量子状态的费米子。这是件幸事：它解释了原子具有电子轨道的原因。因为两个电子无法共处，所以一个原子的最低能级上只能填入两个电子；以此类推。

这一模式解释了元素周期律，是整个化学的基础。想象一下，如果不存在狄拉克方程的话，宇宙中将不再有我们知道的物质，将不再有化学反应。这将是一个只有光而万物皆不存在的宇宙，是一个在《创世纪》第一句伊始便凝固不动了的宇宙。

现在让我们从山峰绝顶走下，看一看狄拉克公式在不那么超凡入圣的人间的实际应用。这些可谓不胜枚举。我已经说过了激光。正电子也是用于研究大脑活动的正电子发射计算机断层扫描术（PET 扫描）的基本成分。核磁共振成像术（MRI 扫描）是不必让病人暴露于 X 光下的诊断手段，该仪器利用磁场操纵电子的自旋。

最后，在狄拉克方程引导下，量子物理学家更好地认识了真空，即宇宙的基态。他们不再把真空视为空旷无物之处，而是知道那里有各种各样的能量充斥其中。粒子与它们的反粒子能够突然出现而后又再次消失，这种现象也确实在发生。实际上，整个“粒子”概念已经

---

* 专家们或许会反对我用四元数来确定旋量。实际上，在它们的定义中有无负号有重要的意义：旋量存在于所有维度中，而在某种程度上，四元数只是在低维度下存在的特例。然而在三维与四维体系中，个中差别仅有学术上的意义。三维旋度是具有长度 1 的四元数，或称“单位”四元数。四维旋度是单位四元数对。

有些过时了。对于量子物理学家来说，真正的基础概念是“量子场”。跟电场一样，这些场也在空间无所不在，而粒子则是它们的局部表现形式。一个粒子是在量子场中的涨落现象，它可以只不过瞬息存在，或者可以长期存活。

历史上，其影响深远甚于狄拉克方程的公式极为稀少。然而众所周知，狄拉克方程的发现者保罗·狄拉克却沉默寡言、不善于抛头露面。如果在一次谈话中他说了两个词，那他就算情绪高涨，很爱说话了。1933 年，在得知他即将获得诺贝尔奖时，他的第一反应是打算拒绝；但他的朋友们劝阻了他，理由是：如果他拒绝领奖，这会比接受奖金更让他受到公众关注。狄拉克基本上逃离了公众的热切目光与崇拜景仰，这与牛顿和爱因斯坦一脉相承。

尽管如此，狄拉克还是自然而然地为他的同事们所欣赏。他承袭了牛顿在剑桥的教授职衔（卢卡斯数学教授），而在他 1984 年逝世后，一块镌刻着他名字的铭牌摆放在威斯敏斯特大教堂内离牛顿的坟墓不远的地方。对一个寡言少语的人来说非常合适的是，这块铭牌上没有多余文字，只刻下了他的方程。这是这座教堂中唯一为子孙后代保留的公式。

21
王国缔造者
陈省身 - 高斯 - 博内公式

尽管不可能用短短几句话甚至几页文字来总结一个世纪的数学，但用来辨别一些趋势还是可以的。物理与数学间的联系向来密切，而这一联系在 20 世纪则变得更为深刻与神秘。从爱因斯坦开始，物理学家时常吃惊地发现，数学原来早已准备好了他们所需要的工具。反之亦然：数学家们也不断地意识到，是物理学上的问题和定理带来了最有趣、最深刻的数学发展。

与第一个趋势有联系的另一个 20 世纪的趋势是几何学的崛起。爱因斯坦的广义相对论要求弯曲的空间，而这就要求一项可以有逐点不同曲率的非欧几何。高斯、罗巴切夫斯基和波尔约在 19 世纪初播下了非欧几何的种子，但他们的几何学有着恒定的曲率。伯恩哈德 • 黎曼使变化的曲率成为可能。黎曼几何（或称微分几何）在 20 世纪上半叶的发展相当缓慢，但在下半叶有了爆炸式的发展，变成了数学的一个核心领域。

数学的第三个生机勃勃的重要趋势是它的全球化不断增加，特别是在第二次世界大战之后。古代数学有许多部分先在亚洲、埃及或阿拉伯世界出现，然后才传到西欧。但大约从 1500 年到 1900 年，数学

$$\int_M Pf(\Omega) = (2\pi)^n \chi(M)$$

M代表一个无边界的偶数维空间或宇宙。$\chi(M)$是这一空间的欧拉示性数；在二维空间内，该数告诉我们该空间的孔数。Ω是这一空间的曲率。如果我们知道空间上每一点的曲率，这一公式能让我们推导出有关这一宇宙的总体形状的信息。

基本上是欧洲男性的游戏。现在这种不平衡越来越少，下一次伟大发现将由张三或爱丽丝做出的机会几乎与史密斯或鲍勃做出的机会均等。

如果要我举出一个可以例示所有这三大趋势的人物，陈省身[15]当仁不让。陈省身1911年生于中国上海附近的嘉兴，后就读于南开大学。他在那里表现出色，赢得了一份前往欧洲留学的奖学金。他在法兰克福师从几何学家威尔赫姆·布拉西开两年，然后转去巴黎，在埃利·嘉当处工作了一年。

当时微分几何还不是一个人们趋之若鹜的课题。读一下本书161页有关爱因斯坦场方程的文字，你或许就可以大略知道个中原因。为描述弯曲空间（或称“流形”），你需要在其上建立一套坐标。当用这些坐标书写等式时，这些等式由各种符号连接（如场方程中的指标m与n），这些符号只是簿记的工具。微分几何经典课本的作者迈克尔·斯皮瓦克[16]称这种用法为“指标的贬值”。

具有讽刺意味的是，微分几何中最重要也最有意思的数值正是那些独立于坐标选择的指标。换言之，我们虚耗大量光阴跟踪的事物，到头来我们会弃之如敝屣！例如，在爱因斯坦的广义相对论中，物理定律独立于坐标系，这是一条基本原则。然而爱因斯坦却花费了多年时光在数学的浩海中航行，去寻找具有合适不变性的方程。

陈省身的导师嘉当曾在人称“活动标架”的一种微分几何方法中做出了开创性贡献，这种方法不需要坐标就可以工作。然而嘉当的理论极为晦涩难懂。陈省身成了向整个世界解释他的学说的首席诠释人。在这一过程中，他把嘉当的理论从只适于描述较小的弯曲空间的局部方法改进为能够总体处理空间的全面理论。许多人（包括陈省身本人）认为，他的第一个著名结果是他一生最伟大的工作，是推广了 19 世纪以卡尔·弗里德里希·高斯和皮埃尔·奥西恩·博内命名的有关表面的一项定理。现在这一以陈－高斯－博内命名的定理可陈述如下：

$$\int_M Pf(\Omega) = (2\pi)^n \chi(M)$$

这是什么意思？从最高层次的观点来说，这里说的是，如果你住在一个弯曲空间或“流形”（此处以 M 标记）中，我们就可以通过测量每一点的曲率（Ω）来得到我们的宇宙［此处以 χ(M) 标记，即 M 的欧拉示性数］的一些总体情况。Pf 是我们必须对曲率进行的某种特定计算，积分符号（∫）意味着，我们必须加和流形内每一点上的曲率。这是一个卓越的整体理论。

让我们再略微深入一步。在这一公式中，人们假定弯曲空间 M 具有 $2n$ 维。因此，在最简单的情况下 $n = 1$，这时出现的是二维空间，或者说是一个表面。表面只有一个独立于坐标系的局部几何性质，即高斯曲率 K。如果表面凸起，则高斯曲率是正的。如果表面的性质像一根土豆条，则高斯曲率是负的。表面上任何区域内的总曲率是它偏离欧几里得表面有多大的测度。例如，如果一个三角形的总曲率是 x，则这个三角形的内角和将是

$$\left(180+\frac{180x}{\pi}\right)\text{度}$$

如果曲率为零，则三角形的内角和就跟欧几里得证明的一样，是180度。例如，球面上曲率大于零，你会找到有三个直角的三角形。（见我在第三部分127页有关蚂蚁几何的讨论。）这样一个三角形的三个内角之和是 90 + 90 + 90 = 270 度，因此这一三角形内的总曲率一定是 $\pi/2$。

让我们根据高斯－博内公式验证这一预测。在球面上任何一点的曲率都是$\frac{1}{R^2}$，此处 R 是球的半径。

这一三角形内的总曲率可以通过将上述曲率乘以三角形的面积求得。球的总面积是 $4\pi R^2$，可由八个直角三角形覆盖全球。因此每一个三角形的面积即为

$$\frac{4\pi R^2}{8}，\text{即}\frac{\pi R^2}{2}$$

将这一面积乘以曲率即可得总曲率为

$$\left(\frac{\pi R^2}{2}\right)\left(\frac{1}{R^2}\right)\text{ 或 }\pi/2\text{，证毕。}$$

高斯－博内定理是古代几何学（三角形内角之和是多少度？）与现代几何学（我们如何描述弯曲表面的总体性质？）的分水岭。从那时起，我们便告别了古代几何学。为了让高斯－博内定理从局部推广到整体，我们不仅需要在一个三角形上加和曲率，而且需要在外面的整个表面上加和曲率。

当我们这样做的时候，我们就会有一个不同寻常的发现：如果表

面M近似于球状——或许是个球体，或者是个足球，或者任何其他类似形体但上面没有孔——那么它的总曲率将永远为 4π，即

$$\int_M K = 4\pi$$

如果我们对任何大致为圆环状的表面——可以是一个油炸圈饼，一个咖啡杯，一个足球迷用来为自己的球队助威的长塑料喇叭，或者任何带有一个孔的东西——进行同样的计算，其总曲率将会为零。即

$$\int_M K = 0$$

更普遍地说，如果表面带有 g 个孔，则其总曲率可以让我们求得 g 的值：

$$\int_M K = 2\pi(2 - 2g) = 2\pi\chi(M)$$

其中，数值 $\chi(M) = 2 - 2g$ 即该表面的欧拉示性数。令前述陈-高斯-博内公式中 $n = 1$，即可得到这一公式。

表面的经典高斯-博内定理之所以异乎寻常的原因有二。第一，这意味着，通过运用蚂蚁几何，一只非常精明的蚂蚁能够确定它正在上面爬行的表面是何种形态：是球、还是圆环面、或者是什么更复杂些的东西。曲率K是表面的固有性质；它意味着，蚂蚁并非只有在表面之外才能检测表面。

第二，表面的总曲率是量子化的：它永远是 2π 的整数倍。于是，这一19世纪的公式预示了20世纪数学与物理学对量子化挥之不去的情结。

现在该回头讲述陈省身的故事了。1943年，一支美国陆军部队把陈省身从日本侵略中的中国沦陷区解救了出来。他加入了普林斯顿大

上图　对圆环面形宇宙的艺术式数码解释。

学高等研究院，并在那里听说，另有两位数学家——安德烈·韦伊和卡尔·阿伦多尔弗[17]——已经证明了高斯－博内定理的一个版本，即其不仅在二维平面上成立，而且在任何偶数维弯曲空间或流形上成立。然而他们的证明缺乏美感，而且不能给人以启迪。这一证明额外提出了一个假定，后来证明这一假定并非必需。这就像是迪士尼故事里面的小飞象，它靠魔法羽毛学飞行，但后来却发现那根羽毛根本就没啥魔力，而它自己却有天赋的飞天潜力。

陈省身于 1946 年发表了一篇短短六页的手稿，他在其中给出了一份根本没有这些瑕疵的证明，这拨正了战后几何学的船头，让它走上了新的航程。他首创了一个叫作纤维丛的概念；它就像一座城堡，而流形 M 是它的建筑平面图。在流形上发生的一切只不过是在它上面的纤维丛上所发生的事情的暗淡反射。尤其是，陈省身发现，曲率积分

Ω 在纤维丛中，位于许多叫作“微分式”的类似积分所组成的宝塔的底部。当曲率积分是在“楼上”的纤维丛中进行，而不是在楼下的流形中进行时，陈－高斯－博内定理几乎变成了一目了然的事情。

“几乎变成了”，但不完全是。陈省身的计算是一件惊世杰作，他在纤维丛中进行积分的想法更是神来之笔。这一证明清楚地表明，纤维丛包含着有关空间的大量尚未开发的信息。不仅是欧拉示性数，还有许多其他不变式现在被人称为陈省身特征与陈－西蒙斯不变式，它们都是用这种方式构筑的。

陈省身的工作完成了一个循环。爱因斯坦和狄拉克已经证明，你在研究物理学时不能没有几何学。陈省身反过来证明，你在研究几何学时无法不考虑物理学。纤维丛是量子场生活于其中的建筑物。为理解空间的形状，你需要知道在这些空间中能够建立何种类型的纤维丛，或者换用本质上等价的说法：能够建立何种类型的量子场。

20 年后的 1963 年，迈克尔·阿蒂亚[18]和艾沙道尔·辛格[19]更清楚地阐明了数学与物理之间的联系。他们不但求解了狄拉克方程式，而且与此同时（除了其他成果之外），还在这一过程中直接证明了陈－高斯－博内定理！

为什么陈－高斯－博内定理如此重要？因为只要我们想理解我们生活于其中的这种宇宙，我们就只能在这个宇宙之内，用陈省身首创的这种语言工作，而不存在“走出”这个宇宙的可能。

与此同时，我想强调一点：数学并不仅仅与我们生活于其中的这个宇宙有关。我认为，这是数学与物理学之间的一个主要差别。物理学应该是有关我们这个宇宙的，物理学的理论最终必须在某种程度上立足于实验。而另一方面，数学是有关一切可能有的宇宙的，即我们生活于其中的这一宇宙，以及那些我们并不生活于其中的宇宙。为理解任何可能的宇宙，或者至少是理解那些具有偶数维的光滑流形的宇宙，我们需要同样的场的表达形式和同样的狄拉克方程，这一事实令人吃惊。对于那些倾向于信仰造物主的读者来说，这位造物主（无论其性别如何，是人类或非人类）一定是一位杰出的数学家！

陈省身职业生涯的后半段横跨两座大洲。战后他重返中国，但在1949年共产党取得政权之前又一次被迫离去。他到了美国后先在芝加哥大学，然后在加州大学伯克利分校工作，他的职业生涯悠久而又成功。他与辛格和卡尔文·摩尔[20]一起在伯克利分校创建了数学科学研究所，这是美国的第一所纯数学研究，他出任首任所长。他于1984年从数学科研所退休后致力于振兴“文革”期间备受摧残的中国数学。他经常造访中国，为中国大学毕业生创造前往美国深造的机会。他还在天津创办了南开大学数学研究所，该所在他逝世后更名为陈省身数学研究所。令人惊异的是，跟爱因斯坦在美国成就的一样，他在中国也成了摇滚歌星式的名人。

数学科研所的一位后任所长罗伯特·布莱恩特[21]讲述了陈省身1994年在天津观看世界乒乓球锦标赛的情景。他说：“当时摄像机一直对准了在座的中国总理；然后陈先生和夫人走了进来，摄像机镜头立刻转向他们，而置总理于不顾了！他就是这样一位偶像式的人物，是这样一位智者，他告诉世人，中国人能够在国际上成就何等伟业。”

像狄拉克一样，陈省身对于他的成就也非常谦虚。但与狄拉克不同的是，他能与别人相处甚欢。他明白，数学的发展并不单纯依赖于公式，而且也需要建立研究机构，如同数学科研所和南开大学研究所这样的机构。用他在伯克利分校的多年同事伍鸿熙的话来说：“按照语言的最准确意义，他就是一个王国缔造者。”

22 有一点儿无限

连续统假说

数学家自 19 世纪 70 年代起开始认识到，无限实际上有不同的大小；一个集合可以在事实上有一点儿无限，或者非常无限。对于这些不同种类的无限的探索导致了 20 世纪的一些最深刻、最矛盾的发现。

在 19 世纪的大部分年月中，数学家们极力施展了最精细的手段来处理无限的各项问题。这样做是有充分理由的；如我们已在第一部分中所看到的那样，无限这一理念至少在芝诺的时代就已经让数学家们感到头晕目眩了。1831 年，高斯在给海因里希·舒马赫的信里说明了这一禁忌："我必须最强烈地抗议你把无限当作某种加和的用法，因为这在数学中是永远不能允许的。无限只不过是一种比喻的用法而已……"

然而，在接近 19 世纪末的时候，数学家们开始形成了一个共识，认为集合，而非数字，才是建筑数学大厦的基本材料。而你无法绕开某些集合是无限的这一事实，例如正整数集 {1，2，3，……} 或组成逐步逼近 π 的真值的数字的集合 {3.1，3.14，3.141，3.1415，……} 等。

诸如爱因斯坦等伟大科学家经常是那些愿意直面这些不方便的事实的人们，而其他的科学家则情愿避而不见。而对于集合论，是一位名叫格奥尔格·康托尔[22]的德国数学家在无限这个光怪陆离的世界中开辟了道路。

为了认识康托尔，我们首先需要一种方法来描述我们说到集合的"大

$$2^{\aleph_0}=\aleph_1$$

$\aleph_0$ 是最小无限集（整数集）的基数性的“大小”。$\aleph_1$ 是次最小的基数性。如果这一公式为真，这就意味着，实数集是整数集之后的次最小集合。

小”或基数性时意味着什么。首先，康托尔提出了如下规则；这是定义基数性的含义的比较或相对的途径：如果我们在两个集合 A 与 B 之间能够找到一一对应关系，能使 A 中的每一个元素与 B 中的某一个元素之间具有独一无二的联系，而且反之亦然，则这两个集合即具有同样的基数性。

大卫·希尔伯特[23]就此提出了一个很好的例子：我们不妨把 A 设想为旅馆中所有房间的集合，把 B 设想为需要房间的客人的集合。在理想的情况下，我们想把每一个客人安排到不同的房间中。另外，如果我们是这间旅馆的业主，我们会希望所有的房间都有人入住。如果我们可以做到这些，则“客人数目”便等于“房间数”。

让我们假定这间旅馆有无穷多个房间，每个房间标注为1，2，3，……如果一批客人的集合到来，他们不多不少，恰恰可以住满这间旅馆的所有房间，那么这就是一个可数无限集。以此为开端，我们可以在下面罗列康托尔就可数无限集发现的令人惊讶的事实：

1. 如果你在一个可数无限集合中加入一个元素，你新得到的集合与原来的集合大小相等！例如，假定你已经填满了你的旅馆，但接着又有一位客人驾到。你不必让他另寻别处！你只需要让 1 号房间的客人住进 2 号房间，2 号房间的客人住进 3 号房间，如此等等。说时迟那时快，新来的客人就可以入住 1 号房间了。

2. 如果你把两个可数无限集加到一起，你会得到另外一个相同大小的集合。假设上述旅馆被可数无限数量的客人住满了，但然后又有一个可数无限的客人集合到达。没问题！你也可以为他们提供住处。还是那样，你让 1 号房间的客人住进 2 号房间，2 号房间的客人住进 4 号房间，3 号房间的客人住进 6 号房间，如此等等。现在房间 1，3，5……全部准备停当，只等着新来的客人集合入住了。

3. 以类似上述方法行事，一个可数无限数目的可数无限集合的并集仍旧是可数无限集合。这很难用文字加以解释，但这一想法可以用下面的形象方法加以说明。

所有这些事实都与我们日常经历的有限集合不同，而且说实话，它们看上去有点像在变魔术。但或许这不应该让我们感到过分惊讶。当物理学家们与量子狭路相逢时，他们不得不放弃常识；而无限集合也是一个奇特的新世界。

在解释了两个集合大小相同的含义之后，康托尔的下一步是发明了大小的绝对测度，并称之为基数。有限集合也是比较容易的。一个只有一个元素的集合的基数性是 1，一个有两个元素的集合的基数性是 2，依次类推。康托尔提议用一个新的基数来表示可数无限集：最小无限整数，记以 $\aleph_0$。

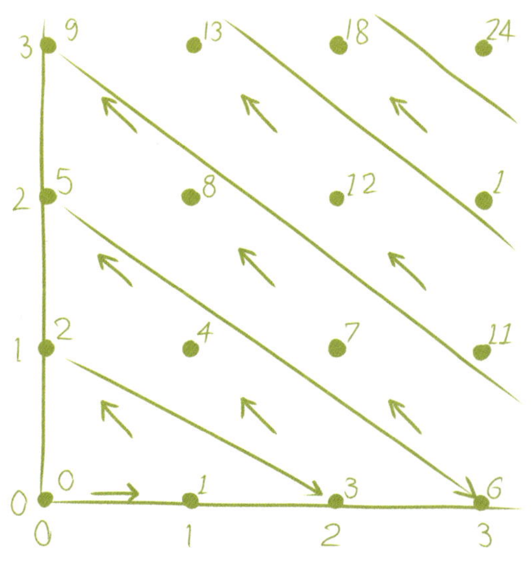

左图　可数集的可数无限集合（此处表现为无限阵列）依旧可以是可数的。箭头示意如何将这一阵列排列为线性序列。

至此我还没有展示任何基数性大于 $\aleph_0$ 的集合。实际上，上述三个例子说明：$\aleph_0+1=\aleph_0$，$\aleph_0+\aleph_0=\aleph_0$，$\aleph_0\cdot\aleph_0=\aleph_0$。然而康托尔证明，所有实数的集合确实有更大的基数性，也就是说，所有实数无法全部入住我们那间可数无限的旅馆。有关这一事实的证明叫作康托尔对角论证，是现代数学最根本、最基础的突破之一；但论证本身却很短，一页纸的文字便足以解释清楚。

今假设我试图为 0 与 1 之间的每个实数都指定一个房间。为了论证的方便，让我们以如下方式开始罗列：

1 号房间：0.**1**415926 …（π 的小数部分）

2 号房间：0.7**1**82818 …（欧拉数 e 的小数部分）

3 号房间：0.41**4**2135 …（$\sqrt{2}$ 的小数部分）

4 号房间：0.500**0**000 …

5 号房间：0.1011**0**01 …（我找不出有趣的数字了，所以随机选取了一串 1 和 0）

注意：我把第一个数字的小数第一位设为粗体、第二个数的第二位设为粗体……以此类推。现在格奥尔格·康托尔来了，他写下了数字 0.22511……之后问我：“这个数在哪个房间里？”

康托尔是如何选取这个数字的？这不是秘密：他只不过依次选取了每个粗体字，并在上面加 1。（如果碰到 9，他就会把它改为 0。）康托尔的数字不会在 1 号房间，因为它的第一位数字与第一个数字的第一位数字不符合。它也不会在 2 号房间，因为它的第二位数字与第二个数字的第二位不符合。事实上，因为同样的原因，它不可能在这间旅馆的任何一个房间里。因此我们并没有为所有数字指定房间！更重要的是，无论我怎样指定房间，格奥尔格都可以重复这一过程。因此，根本没有办法让 0 与 1 之间的所有实数都住进这间旅馆（因此，当然也就更没有办法让所有的实数都住进去了）。

要让人们在直觉上感到康托尔论证有道理，我习惯于把数轴想象成是由一个可数集合的砖头（即有理数）组成的，并由无理数、超越数以及大部分是完全随机出现的数字作为类似“胶水”似的东西来填充这些砖头之间的缝隙。康托尔论证说明，数轴的绝大部分是胶水而不是砖头。一经发现了一个大于 $\aleph_0$ 的基数，我们就需要给它命名。以下这个大家接受的名字强调了人们对于数轴中的砖头－胶水的直觉，这就是连续统的基数性，简记为 c。“连续统”就是那些难以从你手上去掉的胶水。

康托尔也发现了第二个，同时也是更普遍的方法来创造更高的基数性。如果 S 是一个集合，由 S 的所有子集组成的集合称为 S 的幂集。下面让我们看几个例子。

如果 S 是一个只有一个元素的集合，例如 {1}，则它有两个子集，一为空集 Ø，另一个就是整个集合 {1}。于是幂集就有两个元素。

如果 S 是一个有两个元素的集合，例如 {1，2}，则它有四个子集，即 Ø、集 {1}、集 {2} 和集 {1，2}。于是它的幂集有四个元素。注意，$4 = 2^2$。

类似的，如果 S 是一个有三个元素的集合，请读者自行验证从此处图中可见的结果：它有八个子集。注意 $8 = 2^3$。

到这里我们似乎就可以清楚地看出规律来了：S 的幂集永远有着比 S 更多的元素。实际上，如果 S 的基数性是 n，则幂集的基数性永远是 2^n。

在略为修改了一下对角论证之后，康托尔证明，对于无限集也

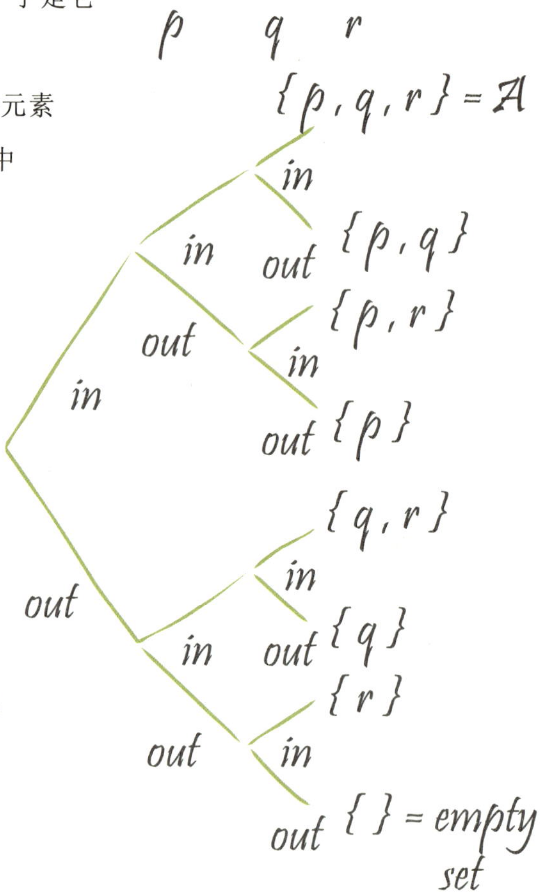

右图　S的幂集的树形图。

有同样的规律：S 的幂集的基数性永远高于 S 本身。因此不存在最大的无限基数。无限基数形成了一个庞大的宝塔，这个宝塔我们从开始就根本无法理解。

尽管我们永远无法测度宝塔的上段，或许我们至少能够理解宝塔的基层。我们知道，“最小的”无限基数是 $\aleph_0$。我们还知道，连续统 c 有更大的基数性，尽管我们不能肯定它到底比 $\aleph_0$ 大多少。$\aleph_0$ 的幂集的基数性也比 $\aleph_0$ 大，通过与有限集的类比，我们可以将其记为 $2^{\aleph_0}$。

现在康托尔又问：$\aleph_0$ 之后的下一个基数是什么？是 c 吗？或者是 $2^{\aleph_0}$？通过证明 $c = 2^{\aleph_0}$，他部分地回答了这个问题。换言之，连续统与整数的幂集大小相等。但能否有一个基数性的大小在 $\aleph_0$ 和 $2^{\aleph_0}$ 之间？也就是说，会不会有一个“略大于”整数集但又“略小于”实数集的集合？康托尔相信答案是否定的。换言之，他把 $\aleph_0$ 之后的下一个基数记为 $\aleph_1$，而 $\aleph_1$ 就是 $2^{\aleph_0}$。我们这本书说的是等式，所以我们把康托尔的连续统假定写成等式的形式：$2^{\aleph_0} = \aleph_1$。

康托尔没有活到他的问题得到答案的那一天。他于 1918 年去世，他生命的最后几年是被关在一所精神病院中度过的。他当时的生活境遇很容易让人产生联想，会根据揣测认为，他是因自己的想法得不到承认而“被逼疯”的。但我们完全不应该随意判断。抑郁症这种病症非常复杂，我们不应该言之凿凿地得出如此简单的因果关系。但说人们就他的工作存在着很大的争议，这一点是确信无疑的。在他的时代，一些数学家如利欧波尔德·克罗内克[24]等措辞严厉地否定他的工作，而另一些数学家如大卫·希尔伯特等则强烈支持之。希尔伯特曾写道：“任何人也不应该拒绝我们进入康托尔创建的乐园的权利。”

1900 年，希尔伯特表列了数学家应该在 20 世纪加以研究的二十三

上图 表现无限厚想法的金属结构概念艺术图。

个最重要的问题，连续统假说名居榜首。正如人们后来看到的那样，解决连续统假说无可避免地与希尔伯特问题榜上的第二号难题相连：证明数学的一致性。

20世纪早期，数学的基础出现了危机。这种事情似乎在数学史上周期性地出现。在古希腊时代，无理数的发现激起了一场危机，它导致希腊人用几何代替算术作为数学的基础。微积分的问世导致了另一次危机，原因是微积分明显地对无穷大与无穷小数量进行操作。对此的反应是，数学家拒绝接受“完全的无限概念”（这从本章早些时引用的高斯的话中可见一斑），而且他们还重新叙述了微积分，让它只使用“潜在的无限概念”。

康托尔在无限集合上的工作引发了另一次危机。首先，康托尔本人意识到，并不存在包含所有集合的集合。如果真的有这样一个集，这就必然会让最大基数成为可能，而我们刚刚说过，最大基数是不存在的。1901年，哲学家伯特兰·罗素创造了一个甚至更为简单的矛盾。令 R 为所有不包括自己在内的集合的集。那么 R 是否包含它自身？

让我们权且假定 R 包含其自身。那这就是一个包括自身的集，所以它不是 R 的一个元素，因为 R 只包含那些不包含其本身的集。但这就意味着

R不是R的一个元素，这就与我们刚刚所做的R包含其自身的假定矛盾！

这些例子表明，数学家不能完全随心所欲地创造任何他们能够用语言描述的集。“朴素集合论”行不通。在集合论中必须有一些规定哪些可以哪些不可以的规则。

1908年，恩斯特·策梅洛[25]为集合论写下了一套七条公理，它们扫除了康托尔和罗素的矛盾。在20世纪20年代经亚伯拉罕·弗兰克尔[26]的一些订正，并将公理数增至九个之后，策梅洛的体系变成了绝大多数数学家在实际工作中的标准工作基础。

鉴于这些发展，人们把希尔伯特名单中的第二个问题改写为：证明策梅洛-弗兰克尔（策-弗）的集合论是一致的。如果可以做到这一点，数学家们就可以高枕无忧了，因为他们知道，再也不会有其他我们还不知道的矛盾跳出来，造成数学基础的危机了。

到1928年，希尔伯特甚为乐观地认为，人们已经在叩响解决他的这一问题的大门了。他在是年的国际数学家代表大会上宣布，为证明这一问题，只有几个细节还暂付阙如。但还不到两年，这一事业就出现了大厦将倾的趋势。

回过头看，希尔伯特的那种形式主义的数学认识论似乎很有些古怪。希尔伯特认为，数学本质上是一种通过本身并无内在意义的符号进行的形式游戏。每一个通过这些符号进行的陈述或者正确或者不正确，正确的则应该可以由公理加以证明。换言之，数学是完备的。最后，任何陈述都永远不可能被证明既正确又不正确：数学必须是一致的。

人们最终发现希尔伯特的观点是有缺陷的，这是件好事，因为他要挽救数学的方法实际是在扼杀数学。如果数学失去了它的内容，我认为它就失去了它大多数的美。如果数学家真的相信，他们所做的一切都是在符号中间翻云覆雨，我认为他们中间有许多人会试图放弃数学而去寻找另一种消磨时间的方式。

1906年，库尔特·哥德尔生于布尔诺（现属捷克共和国）。1930年，这位年轻的奥地利逻辑学家证明，任何令人信服并足以包括数学一般规则的公理体系都必须包括同为正确与不可证明的陈述，这就把数学从希尔伯特不很高明地构思的救命稻草上解救了出来。换言之，数学并非完备的。在哥德尔完成了他的第一条公理之后不久，他又证明了第二个更为特定的公理：公理体系本身的一致性是无法证明的。

下图　奥地利－美国逻辑学家、数学家库尔特·哥德尔（1906—1978）的肖像。

人们如何才能证明数学本身是不完备的这样一个定理呢？哥德尔的证明包括两大想法。第一个想法是一种非常古老的悖论的改写本。“说谎者悖论”说到如下陈述：“这一陈述是虚假的。”如果这一陈述成立，这就宣告了它本身的错误。我们就此陷入了与罗素悖论同样的自我参照的恶性循环。

哥德尔所用的说谎者悖论版本如下：“这一陈述无法证明。”如果哥德尔的句子为实，则这一陈述无法证明。如果这一陈述是伪，则此陈述不但错误，而且可以证明；而这就意味着，我们的公理系统是不一致的。如果我们假定以策－弗集合论为前提，这就排除了第二种可能性，因此哥德尔的句子是正确的、不可证明的。

然而我们至此还完全没有提及数学。而哥德尔证明的第二部分甚至还更为精巧。这一部分把非数学的陈述“这一陈述无法证明”转变为有关数字的一个数学陈述。哥德尔意识到，在任何公理系统中只存在着 $\aleph_0$ 种可能的陈述。这一点为实，因为我们只有有限种可能有的符号字母组合，而且可能的陈述长度的总数也是可数的。所以，每一种陈述，无论它是正确的、错误的、可以证明的、不可以证明的或者是纯粹的胡言乱语，我们都可以赋予它一个独一无二的识别数字。现在让我们想象，存在着一个集合 L，所有可证明的陈述的识别数字都在这一集合中。

这样一来就把某个特定陈述不可证明的断言归化为数学上的论断："这一数字不在集合 L 中。"哥德尔运用了康托尔的对角论证的一种版本来证明，在形如"这一数字不在集合 L 中"的所有句子中至少有一个句子事实上不在可证明陈述的名单之内。因此，这一特定陈述既正确，又不可证明。

对于一些人来说，要理解哥德尔的证明绝非一蹴而就；人们很容易陷入自我参照的层层迷雾中不能自拔。这一证明与康托尔的对角论证和无限基数违反直觉的本性有与生俱来的联系。人们会觉得，有关整数的陈述会比整数本身的数目多许多。但那是不正确的。你可以把每个有关整数的陈述作为一个整数编码，从而把一个准数学陈述转化为一个数学陈述，这一事实实在令人叹为观止。

我认为哥德尔的不完备定理相当于海森堡的测不准原理（后者是量子物理中的一项陈述，说的是人们无法同时准确测量某粒子的位置与动量；更普遍地说，对于某些数量的测量将会干扰系统，这便会破坏有关其他数量的信息），二者都为人类理解的可能极限划定了疆界，其中一个在数学领域中，另一个在物理学领域中。人们在十年之内相继做出了这两大发现。人类在 19 世纪满怀维多利亚式的信念，对人类知识的进步与完善充满了遐想；而此后，20 世纪的人类开始进入了对自己的局限性有所认识的时代。这两大里程碑式的发现是一个时代的哲学完全形态的组成部分。

奇怪的是，尽管哥德尔定理的哲学意义如此重大，其数学意义却无人喝彩。在某种程度上，数学家只是对此耸耸肩，然后我行我素，继续自己的工作。从今天的观点出发，这一定理与恐龙的小行星杀手类似。它消除了有关数学的一些错误理念，并留下了一个巨大的陨石坑；但今天，这一陨石坑已经踪迹难觅。

这一定理影响力低微的原因何在？我认为，其中的一个原因，是哥德尔的不可证明陈述非常武断。“数学是一致的”，这一陈述可以付诸文字，但该定理转化为数字的数学版本却无法用纸笔表达。哥德尔并没有找到一个有实际数学内容的不可证明陈述，即一个数学家或许会真正予以关注的数学陈述。

也就是在这里，康托尔的连续统假说又一次进入了我们的眼帘。是否有一个大于整数集而又小于实数集的集合？这是一个自然而然的问题。对于我们的直觉来说这似乎是可以接受的。这当然是一个数学家会相当关注的问题。而这也是一个不可判定的问题。哥德尔于 1940 年证明，连续统假说无法从策－弗集合论的公理出发证明为伪。1963 年，美国数学家保罗·科恩[27]证明，连续统假说也不能通过策－弗公理证明为真，从而圆满结束了这一问题。换言之，它独立于集合论的其他公理。你可以不受约束地接受它或者否定它，悉听尊便。无论连续统假定或对它的否定都不再会带来任何新的悖论。

哥德尔与科恩的论证都是通过建立一个集合论模型进行的，但我不拟对他们的方法进行详细解释。哥德尔将一切可能存在的集合限制在他所说的“可建立集合”的架构之内。在这一模型下，他证明了连续统假说为真。所以，如果假定策－弗公理是一致的，人们也就无法证明连续统假说为伪。另一方面，科恩则找出了一种方法，可以将所有可能的集合扩展到策－弗公理允许的最小模型之外。由于科恩的论证牵涉到创造新的集合，因此这一论证比哥德尔的论证更为艰难。但最后的结果是，他终于在那一模型下“力迫”连续统假说为伪。同样，这并不意味着“真正的”连续统假说为伪，但这确实意味着，人们无法在策－弗集合论的所有模型下证明连续统假说为真。

科恩的“力迫”法让数学家和逻辑学家可以发现许多其他独立于策-弗公理的陈述。在这一意义上，与哥德尔的不完备定理相比，科恩的“力迫”法更强劲地冲击了数学。它造成的陨石坑依然清晰可见。

那么，连续统假说的故事到此画上句号了吗？这还很难说。当前大部分知道策-弗公理的数学家都不反对它们。只要情况依然如此，我们就必须让连续统假说保持哥德尔和科恩冲击之后的那种未定状态。但策-弗公理或许再也不会那样深孚众望了。记住，你永远也无法证明一个公理体系；那不过是一个出发点而已。或许有一天，逻辑学家会发明一个公理系统，它会比策-弗公理更得数学家们的青睐，那时人们就必须重新考虑连续统假说了。

二次大战后，哥德尔最后来到了普林斯顿高级研究院，并在那里成了阿尔伯特·爱因斯坦最好的朋友。爱因斯坦曾说，有很多时候，他之所以前往研究院，只是为了“能有跟哥德尔一起回家的特权”。但在后来，哥德尔的行为越来越古怪；例如，他相信鬼魂，而且认为有人想要毒死他。他只吃他自己烹饪的食物，而最后他其实是自己把自己饿死的。

幸运的是，科恩完全没有像康托尔与哥德尔那样在精神上出毛病。生于 1934 年的他在纽约布鲁克林区长大，是一个自学成才的天才。他大学还没毕业，就在 1953 年以 19 岁的稚龄进入研究生院。有意思的是，他并没有接受过逻辑学的训练，而只是受到了连续统假说的吸引，而吸引他的是他强烈的直觉，即认为这一假说是错误的。（没错，他与康托尔观点相左。）

有时候，人们需要一个非专家出现，以他与众不同的清新观点打破知识界的僵局。在科恩发现了力迫法之后，其他逻辑学家立刻就使用了这一方法，而科恩本人却发现自己无法理解他们的观点。尽管如此，科恩还是享有首创者的荣誉，而他的工作恰恰受到了哥德尔本人的高度赞扬。“恰如其分地说，你在集合论上取得了自该理论公理化以来最重要的进展。”哥德尔在给科恩的信中这样写道。

23

混沌理论

洛伦兹方程

约翰·冯·诺伊曼[28]（美国第一批伟大的计算机科学家之一）有一个梦想。1954 年，他在世界上最新最大的计算机落成献词中预言，有朝一日，计算机将让三十天到六十天的气象预报成为可能。

光阴似箭，五十余年弹指一挥间，当今计算机的威能已经超出了诺依曼最为疯狂的梦幻，但计算机气象预报只不过略有改进。两天内的预报现在已经相当可靠了，但五天预报的可靠程度便大为降低。即使最为乐观的气象学家也不再梦想能够提前六十天预报一场风暴。

问题出在哪里？一言以蔽之：混沌。

混沌体系是遵守确定性规则——例如描述大气中空气流动状况的方程——的体系，但在某一时间段后其行为会显得毫无规律可循。从理论上说，如果人们掌握了某一混沌体系的完备信息，他们就可以做出完善的预报。但在人们的数据中，哪怕最微不足道的不准确或不完备都会随时间而发生指数式的增加，最终使人们的预测全然无用。

具有讽刺意味的是，作为一项工具而让科学家掌握了混沌含义的最大助力，但与此同时，又对他们的计算能力设置了永久性限制的，不是别的，正是计算机。计算机做出了一些冯·诺依曼从未预料过的事情。它非

$$\frac{dx}{dt} = -10x + 10y$$

$$\frac{dy}{dt} = 28x - y - xz + 10y$$

$$\frac{dz}{dt} = -\frac{8}{3}z + xy$$

x、y和z是大气的一个抽象且高度简化的模型中的气象变量。这些方程是历史上第一次让科学家从中认识到了混沌可能性的动态体系。

但能够单纯地进行数字运算，而且能让人类掌握一种纵观世界的新方法。

第二项讽刺是，第一个理解了混沌的数学含义的人并非数学家。爱德华·洛伦兹[29]是一位气象学家，他发现了页首的方程式，就是这些方程式，它们实际上粉碎了诺依曼的梦想。

页首给出的是洛伦兹的三个简单方程。他用这些方程描述高度理想化了的大气状况。我们有必要花上一点时间来了解一下这些方程式意味着什么。首先要注意的是，它们都是偏微分方程：它们表达了三种变量 x、y 与 z 的当前值的变化率。微积分就是为求解这类方程应运而生的。它们是牛顿与莱布尼茨用于描述行星运动的那类方程，也是阿波罗计划的工程师们用以将火箭送上月球的方程。数百年来，科学家们都在假定，这类方程的解是可以控制、可以预测的。

另外要注意的是，这些方程都不是线性的。其中有两项（第二个方程中的 xz 和第三个方程中的 xy）不是变量的一次形式，而是两个变量的乘积，这就让方程变成了二阶。就是这小小的细节，让整个世界产生了种种不同。

线性方程描述的是一个教科书式的世界，那里的结果总是与原因成正比。总数总是精确地等于各部分的加和。测量一个变量得到的微小误差将永远只是一个微小的误差；或者最多会以精确的线性方式增长。在这样的世界中，人们可以预测几周后、几个月后、甚至无限长时间后的天气。

然而，真实的世界是非线性的。反馈回路把微小的原因放大为巨大的后果。在生物学中，每当一个细胞发出信号让另一个细胞停止生长或加速生长时，非线性就出现了。在化学中，当一种化学试剂催化与另一种化学剂有关的化学反应时，非线性就出现了。在气体动力学中，当空气成为运动物体而不是被动介质时，这些方程便成为非线性的了。科学中大部分有趣的现象，包括任何以系统的一个部分调控其另一个部分的现象，都是非线性的。

下图 洛伦兹吸引子。这是后来成为混沌象征的一种三维图形。

在洛伦兹方程中，由于存在着 xy 与 xz 这两项，变量 x 便调控了变量 z 对变量 y 的响应方式，同时也调控了变量 y 对变量 z 的响应方式。

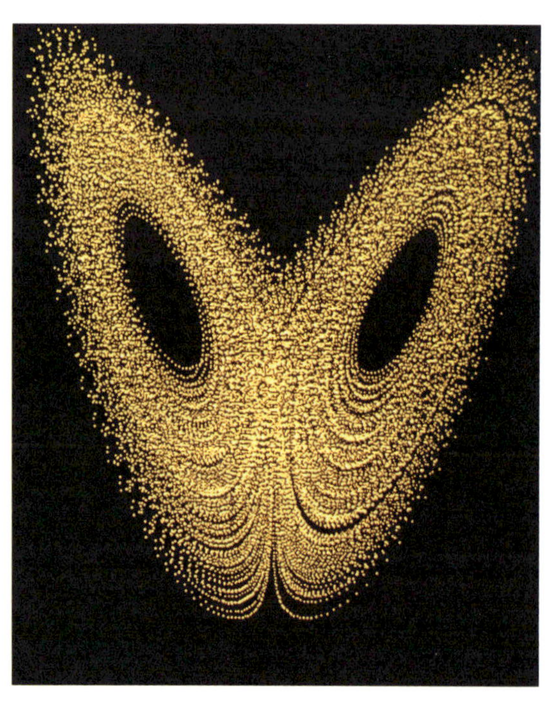

尽管如此，这一非线性似乎如此缓和，以至于几乎所有看到这些方程的数学家都或许会想："嘿，我能解出来！"但他们却解不出来。现在就让我解释一下，1963 年，当洛伦兹在写下这些方程时，变量 x、y 和 z 对他意味着些什么。洛伦兹的模型描述了当一个截面为长方形的长管道底部受热时管道中空气的对流方式。热空气趋于上升，于是最终会形成旋转气流，其中管道的一边热空气上升，而管道的另一边冷空气下降。但按照洛伦兹的模型，形成的气流速度最后开始变得太快了，这让热空气还没来得及完全冷却就被卷到了管道的另一边。但热空气不愿意下降，所以这就降低了旋转运动的速度，而且这一运动最后停止，之后便会切换方向。这些方向的逆转造成了系统不可预测的特点。

洛伦兹是这样描述变量 x、y 与 z 的：x 代表对流气流的强度；y 代表上升与下降的气流之间的温度梯度的大小。z 的意义有些难以捉摸，但却是关键性的。“变量 z 正比于垂直温度分布相对于直线性的畸变。这是一个表明最强的梯度出现在边界附近的正值。”洛伦兹这样写道。

当从差不多任意点开始画出变量 x、y 与 z 的值按时间的变化曲线时，它们将最终围绕一个蝴蝶形的复杂结构合为一体（如图示）。这一蝴蝶的两个“翅膀”对应于对流气流旋转的两个方向。一条标准的轨道开始走向一个翅膀的中心并逐步螺旋向外。这一轨道最终向往走得“太远”，这时对流气流便失去了控制。此刻这一轨道投入两个翅膀之间的复杂混乱区域，接着便出现在另一边的翅膀中，又做好了重新开始螺旋运动的准备。

如果你在一个略为不同的地点尝试第二条轨道，在一小段时间内，它的行为将有与第一条轨道同样的方式。例如，这两条轨道或许都会在左边的翅膀上画出两条回路，然后在右边翅膀上画出三条回路。但两条轨道之间的差距会逐步放大，然后在某一时刻，轨道 1 会左转，而轨道 2 会右转。从那时起，这两条轨道将不再相关。这一点很容易让人联想到天气预报的类比情况。让我们把“左”想象为“晴”而把“右”想象为“雨”。如果轨道 1 代表实际天气而轨道 2 代表以略为不同的初始条件为基础所做的预报，则这两者或许会在几天内符合得不错，但最后，预报注定不会与实际情况雷同。

在我们结束讨论洛伦兹模型的细节之前，我愿意指出一个更令人新奇的特点：三个看上去是随意确定的常数 10，28 和 $^{8}/_{3}$。人们称它们为“参数”，它们强烈地影响着方程的解的形态。如果用 24 或任何小于大约 24.8 的数字代替 28，则混沌不复存在；这会使对流气流受到的激励不够。从任何初始状态开始，不管对流气流最终将左旋或者右旋，它们都会最后归于稳态。在此之后，人们可以百分之百地预测这一体系。所以，非线性并不是一定会出现混沌的保证；它只是创造了这种可能。有序系统转为混沌的临界点经常取决于我们无法观察的参数。

在一篇短论文中，洛伦兹几乎确定了混沌的所有主要组成部分，尽管他没有为它们命名：对初始条件的敏感依赖性（“蝴蝶效应”）†；受无限复杂而又优美的几何结构（后来人称“奇异吸引子”）控制的长期行为；可以令混沌产生或消除的一个或几个参数；非线性但完全确定的动力学。

人们并没有立即看出洛伦兹论文的重要意义；它被埋葬在一份只有气象学家阅读的专业期刊故纸堆中无人问津。然而，同样的过程在其他领域中重复出现。天文学家米歇尔・赫农[30]发现，这些方程中的混沌现象控制着围绕星系中心旋转的恒星轨道。物理学家大卫・茹尔勒[31]与数学家弗洛伊斯・特肯斯[32]一起发现了流体的湍流中的奇异吸引子。就连人们多年来用于模拟群体对稀缺资源的竞争的单变量方程这一最简单的系统中，生物学家罗伯特・梅[33]也发现了混沌。

开始，这些先驱者无一例外都在孤军作战，他们全都面对着其他科学家充满怀疑的目光。洛伦兹的一位同事威廉・马库斯在詹姆斯・古莱克[34]的畅销书《混沌：创造新的科学》一书中回忆了他是如何对洛伦兹点评其方程的：“艾德，我们不仅知道，而且非常清楚地知道，流体对流完全不是那么回事。”

对于任何打破陈规陋习的发现来说，这种怀疑或许都会是人们的标准反应。而在如此长的时间内，数学家以及其他科学家置混沌于不顾还有一些特别的原因。在为学生们讲授偏微分方程时，数学家专注于最

† 这一名字来自洛伦兹本人于 1972 年提交的一篇论文的标题：《可预言性：一只蝴蝶在巴西扇动翅膀会在得克萨斯引起龙卷风吗？》

简单最容易理解的情况。首先他们教学生如何求解线性方程。然后他们或许会教学生一些简单的双变量方程，并给学生们演示，怎样在一个固定点附近把方程的解的行为线性化。无论有多少个变量，他们总是专注于那些可以明确求解的方程：x（t）是与时间 t 有关的确定的公式。

人们完全可以准确地理解所有这些简化的假定，特别是最后一个。求解方程是数学家负责的事……或者说，他们在混沌出现之前负责这件事。而所有这些假定加起来，就变成了让人对混沌视而不见的原因。在线性系统中不存在混沌；它不会在小于三个变量的连续时间系统中出现；‡而且在任何一个方程的解能够写成公式的系统中，它都不会出现。

这就好像，数学家在所有通往混沌的大门口竖起了一面“危险！勿入！”的警示牌。其他领域的科学家，如生物学家、物理学家、气象学家永远不会罔顾这面“勿入！”的警示牌而擅自闯入，于是在面对混沌时，他们看到的就是一种他们完全不熟悉的事物。

数量极少的几位数学家的确置警告牌于不顾，闯入了探险区。所有混沌理论学家都承认的第一人，是 19 世纪末 20 世纪初法国最伟大的数学家亨利·庞加莱[35]。1887 年，他参加了一次瑞典国王赞助的国际竞赛，竞赛课题是找到三体问题的一个解。换言之，就是要为相互吸引的三个或更多的行星的运行轨道找到确切的解。当然，艾萨克·牛顿解决了二体问题；但数学家从那时起便再也未能前进一步，哪怕最简单的三体问题也留在那里悬而未决，这一直像是卡在他们喉咙中的骨刺，让他们寝食难安。

尽管庞加莱未能解决这一问题，但他还是赢得了这次竞赛。事实上，他以为自己解决了这一问题，但他获奖后准备提交手稿以供发表时发现了一个错误。他假定行星运动时受到的小干扰只会产生小的效

‡ 在离散型时间系统中（例如在梅描述某物种群体总数逐年变化的方程中），即使只存在着一个变量，混沌也是可能发生的。

果。但在更为仔细地分析了一颗行星的“回归轨道图”之后，他意识到情况并非如此。就这样，他清楚地发现了混沌的第一个标志性特征，即对初始条件的敏感性。他也感觉到了混沌的第二个特征奇异吸引子，但比对第一个要朦胧得多。他在以下一段文字中描绘了行星在相空间内的轨道，但当读者阅读这一段文字时，我建议他们考虑洛伦兹吸引子：

“这些交叉点形成了某种网格结构；这是由无限纤小的网格组成的一种编织而成的链状连接网络；两条曲线中的每一条永远不会与自身相交，但它必须以一种非常复杂的方式形成封闭结构，从而能够无数次反复与所有链节相交……人们会对这一图形的复杂性感到震惊，其复杂让我甚至根本没有尝试把它画出。”

右页图　曼德勃罗集合的一部分的分形图像。分形几何是混沌数学的一部分，是研究不可预测的动态体系的学科。

他描述的并非洛仑兹吸引子本身，但他或许终究还是做了一定的描述。在这里我们也可以看到一个复杂得惊人的曲线的缠绕，就像一条高速公路，有无数多条车道在它上面交汇，但却在不发生碰撞的情况下又向四面八方各奔前程。于是，数学家本来有机会在 1893 年庞加莱的书问世时便发现混沌的。但他们没有发现。他们还没有做好寻找混沌的准备；这次大奖赛的整个目的是寻找稳定解。

数学家对混沌视而不见的另一个原因是，他们那时还没有计算机；尽管庞加莱为他们留下了那种模糊的描述，但其他数学家未能理解其中的含义。只要有了一台计算机，你就不可能看不到吸引子的绚丽图像。洛伦兹和赫农这类非职业数学家的科学家看不到庞加莱的工作，但奇异吸引子就在他们计算机的打印资料里向他们招手，等着他们给予解释。

从 1893 年到 1970 年，数学家们汇集了混沌理论的一些部分，但却未能令它的所有成分一一到位。差不多与庞加莱同时，俄国的亚历山大•利亚普诺夫[36] 定义了利亚普诺夫指数，这是一个对邻近轨道发散趋势

的测度。在20世纪的30与40年代，英格兰的玛丽·卡特莱特[37]与约翰·利特尔伍德[38]研究了用于无线电与雷达的早期非线性方程，范德波尔方程。利特尔伍德评论了这一方程的解“令人惊叹的精细结构所组成的整个视野”。20世纪60年代，美国数学家、狂热的反越战活跃分子史蒂文·斯梅尔[39]描述了确保动力系统接近复杂的极限集的非常普遍的拓扑条件。这使人认识到，混沌是一种在广泛参数值范围内存在的一般现象。最后，法国的波努瓦·曼德勃罗[40]出于完全不同的理由，让全世界睁开眼睛，看到“分形”在自然界中无所不在。具有分数值维度大约2.07的洛伦兹吸引子是一个主要例子。曼德勃罗准确地指认了奇异吸引子的真正奇异之处：它们在各个不同的大小层次上都有精细结构；所以，一个放大了的版本看上去和未加放大的版本同样精细优美。

20世纪70年代见证了大规模合成的到来。那些曾经接触过混沌的个别科学家开始串联，并联系上了那些可能会解释他们的发现的数学家。1975年，因为李天岩[41]和詹姆斯·约克[42]题为《周期三意味着混沌》的论文，这一领域得到了它极有魅力的诨名——混沌。李天岩与约克证明，在一个类似梅研究过的单变量离散型动态系统中，在三个时间步之后即使只有一点重复自己的值，则必有混沌出现。其实，乌克兰数学家奥列克山大·沙可夫斯基[43]已经在十一年前证明了同一事实，但在西方没有人知道这件事，因为当时人们与铁幕后的共产党国家缺乏交流。沙可夫斯基的论文终于在1995年被译为西方语言，于是这一定理现在以他的名字命名，但李天岩和约克获得了为“混沌理论”命名的荣耀。

“混沌”这一比喻在20世纪80与90年代跳出了科学领域，进入了大众文化。詹姆斯·古莱克的畅销书让人们注意到了这一领域。在一鸣惊人的电影《侏罗纪公园》中，主要人物之一就是一个预测厄运的混沌理论学家，而混沌就是对科学家预测其行为的后果出现灾难性失误的核心比喻。

同期这一领域达到了全盛期。1990与1991两年间有三份主要的混沌杂志问世。20年后，这一热潮略有减退。事实上，我很吃惊地读到一份最近的历史回顾，其中写道："由于社会趋同对'混沌科学'造成的统一效果，这一学科现在已经不复存在。"

我认为，发布这样的讣告为时过早。自1990年以来，在混沌领域内当然有一批有趣的发现。或许其中最令人吃惊的就是同步混沌。你或许会认为，两个表面上都以随机方式振荡的振荡器不可能同步。然而人们发现，如果你只把一个洛伦兹振荡器（或者你任选的其他任何混沌系统）的三个输出变量中的一个输入另一个洛伦兹振荡器，则第二个振荡器的另外两个变量也将锁定第一个振荡器的另外两个变量。这一方法开发了隐藏于表面随机性之下的确定性定律，非常巧妙。这或许可以对神经细胞一类生物体是如何使自己的行为同步这一现象做出解释。

最近的其他进展包括"量子混沌"有限形式的发现。长期以来，混沌都无法侵入量子力学的方程，因为这些方程都是线性的。幸亏它们是线性的，因为我们可不愿意让构成物质的电子、质子和中子不稳定。但混沌已经在宏观世界与量子世界之间的灰色地带——"准经典极限"的某些地方显露了身影，数学家和物理学家们都在那里一探究竟。

最后，对湍流的理解仍旧任重道远。混沌并非故事的结束，而仅仅是故事的开始。科学家可以用洛伦兹指数发现看不见的有趣结构，并排斥那些让流体的流动相互协调的结构。他们可以确认什么地方的流动是混沌的而什么地方的流动不是。例如，在墨西哥湾内，他们可以将那些会流回湾内的海水和将逸入大西洋的海水之间标出看不见的分界线。这类方法可以用来预测2010年英国石油公司泄漏石油的运动。

所以我认为，公平地说，既然我们最终学会了观察混沌，这一概念就依然富有生命力，并且将永远如此。混沌这一学科也依然富有生命力（尽管它或许已经不那么时髦），并最终被视为一个有着更为传统性命名的学科的一部分，例如"动力系统"或"非线性偏微分方程"的一部分。

24

驯虎

布莱克 - 斯科尔斯方程

2003 年，著名的表演二人组齐格弗里德和罗伊中的罗伊被他自己豢养的老虎咬伤了脖子。罗伊险死还生，他的表演生涯就此戛然而止。对于他的粉丝来说，这是一个令人震惊的提醒：老虎终究还是老虎。齐格弗里德和罗伊精湛的表演艺术哄骗了观众，让他们自鸣得意地以为人类已经驯服了老虎。就像尼尔·斯特劳斯[44]在《纽约时报》上写的那样："危险依然存在，但人们却不再能够意识到它们的存在。"

人们或许也可以对布莱克 - 斯科尔斯方程发表同样的评论。1973 年，在一位后来的诺贝尔奖得主罗伯特·默顿[45]的大力协助下，费希尔·布莱克[46]与另一位后来的诺贝尔奖得主迈伦·斯科尔斯[47]发表的方程似乎已经消除了投资的风险。这让一种名为衍生物的金融产品取得了爆炸式的市场增长——从本质上说，衍生物就是在对某些其他资产例如股票与债券*的价格变化方向赌博。跟齐格弗里德和罗伊在拉斯维加斯的观众一样，华尔街在由布莱克 - 斯科尔斯方程铸就的纯熟技术表演面前目眩神迷，并因而产生了人称"数量分析专家"的新一代交易家。危险——或者用金融工程师的行话来说，"风险"——似乎已经得到了控制。

* 在本章以下部分中，为方便起见我将只提股票，尽管股票期权实际上远不是最常见的衍生物品种。

$$\frac{\partial V}{\partial t}+\frac{1}{2}\sigma^2 S^2\frac{\partial^2 V}{\partial S^2}+rS\frac{\partial V}{\partial S}=rV$$

V是一种名为期权的金融衍生物的市场价值，S是期权与之挂靠的资产（例如股票）在到期时的价值。R与σ代表银行利率和股价的波动。这一方程让经济学家有了一个或许是错误的感觉，即可根据与物理定律类似的客观定律控制风险。

但老虎终究还是老虎，金融市场也终究还是金融市场。自从费希尔和斯科尔斯取得突破性进展以来，市场并非仅仅一次，而是在1987、1998 和 2007 年三度咬伤了那些认为他们可以驯服市场的人们。没有谁死于非命，但许多人的职业生涯就此告终，无数财产灰飞烟灭。尤其是 2007 至 2008 年的信贷危机，它更将美国推入自 20 世纪 30 年代的大萧条期以来最严重的经济衰退。

有些人想把这些事件归罪于数学或者数量分析专家。例如，2009 年有人在《联线杂志》上撰文就说到了“斩杀了华尔街的公式”。但在做出宣判之前，我们首先应该弄清布莱克、斯科尔斯和默顿究竟取得了哪些成就。

让我们从一个大大简化了的衍生物例子开始。假设“一天一井石油公司”的股票价格今天是 100 美元。同时假设，你通过某种方法得知，这只股票的价格明天上涨到 101 美元的机会是 50 对 50，下跌到 99 美元的机会也是 50 对 50。令人吃惊的是，尽管你并不知道这只股票究竟会向哪个方向移动，但你却可以利用这一信息，在每一股上保证赚取 50 美分的利润。

首先，你打电话给你的经纪人，请他给你一份明天以每股 100 美元购买两股“一天一井”股票的期权。这看上去是一次合乎情理的交易，对不对？毕竟股价高于 100 美元与低于 100 美元的可能性是相等的。（注意：如果你的经纪人认同这一点，那他这个蠢货很快在这一行里就会混不下去了，容我随后再来解释个中原因。）

一经装备了期权，你就开始进行对冲。你从你的朋友鲍勃那里借了1股一天一井的股票，并以100美元的价格售出。第二天，这只股票有50对50的概率跌到99美元1股。如果情况果然如此，你就任随那份期权过期而不行使权力，但你可以用99美元买1股还给鲍勃。你获利1美元，因为你的买价是99美元，而卖价是100美元。另一方面，如果股价上涨到101美元，你就行使股权，以100美元一股的价格从你的经纪人那里买出两股。你归还鲍勃1股，然后把剩余的1股以当前市价101美元卖出。这样，你的利润也是1美元，因为你用200美元买到两股，而以201美元卖出。因此，无论发生何种情况，你都包赚1美元。无论期权挂靠的股票价格上涨或下跌，情况一般无二。

多年来有多批人发现了这同一个对冲原理。在1973年以前，发现它的人们通常认为自己找到了致富的秘密。1967年，在一本名为《战胜市场！》的典型著作中，经济学家希恩·卡索夫[48]写下了他顿悟的真谛："我意识到，无论普通股狂飙上涨或突然一文不值，我们都可以做出保证获取暴利的投资。无论股市涨跌，我可以照赢不误！这看上去简直是神话而非真实。"

当然，跟所有快速致富的计划一样，这一计划也是神话而非真实。原因有二。首先，你的经纪人很快就会看穿这套把戏。实际上，对冲原理证明，购买一份明天以100美元购买1股一天一井股票的期权在今天的价值实际上为50美分。期权本身是有价值的。然而，在期权交易的初级阶段，经纪人和投资者对于应该如何给实际世界中的期权（与上述假定例子相反）定价缺乏清楚的认识。当卡索夫和他的书的共同作者爱德华·索普[49]撰写那本书的年代，他们还可以通过筛选公开发

上图 股票交易的象征：德国法兰克福股票交易所外的牛与熊的塑像。

表的定价并找到定价不妥的认股权（当时存在的最普通的期权品种）。一个足智多谋的投资者可以击败市场。

其次，即使我们能够找到一个以错误价格——就算他的卖价是 49 美分而不是 50 美分好了——向我们出售期权的经纪人，我们也只有在能够绝对正确地预测股票或者上涨至 101 美元或者下跌至 99 美元的情况下方能获利（现在每股只能获利 1 美分了！）。与将投资基于股价向某一确定方向的正常投资者不同，我们并不在乎是哪个方向。但我们确实在乎股票的价格波动，即其跳动的幅度。考虑到允许误差的微小范围，只有当我们的预测恰到好处的时候对冲原理方能奏效。

然而，布莱克 - 斯科尔斯公式的技术技巧却隐藏了这一关键点。假定我们想要知道，一份在时间 T（称为“截止日期”）以价格 K（称为“执行价格”）购买一天口井的股票的看涨期权的公正市场价格 V。我们不想欺骗任何人；我们只是想要知道这一期权到底价值几何。

很清楚的是，这一期权的价值取决于当前的市场价格 S。当前市价越高，截止日期市价仍旧高于 K 的可能性就越大。这一价格也取决于在截止日期到达之前还有多长的时间，即 $T-t$。即使期权今天的价格并不合适，但更多的时间会给股票更多的机会涨到执行价格。最后，在截止日期，期权的价值或者为0（如果股价低于 K），或者为 $S-K$（因为如果股价高于 K，我们就会行使股权，以 K 美元购买股票，然后在公开市场上以 S 美元的价格出售）。于是，在时间 T，期权的价值看上去就像下图中的实线。在早于截止日期的时间 t，期权的价值应该稍高一点，就像图中的虚线。但应该高多少呢？

布莱克、斯科尔斯和默顿证明，确实存在着一个公平的市场价格 $V(S, t)$。这一点让人十分吃惊，因为你或许会认为，一位看好一天一井的投资者会与不看好该公司的投资者定价不同。他们的主要想法是使用动态对冲来消除风险。这只不过是对冲原理更为精巧的变种，其中投资者必须不断地按照当前价格 S 与时间 t 来调整他或她的投资组合。其效果是一样的：动态对冲让投资与我们相信该股票将上涨或下跌的个人看法无关。

于是，只要多方与空方同意有关波动的一个模型，他们就可以就期权的价格达成一致意见了。这就是布莱克与斯科尔斯的第二个神来之笔。他们提出了一种股价模型，这种方法“在直观上如此清晰”，以至于几乎没有任何人会持反对意见。他们认为，股价的改变可由两部分组成：

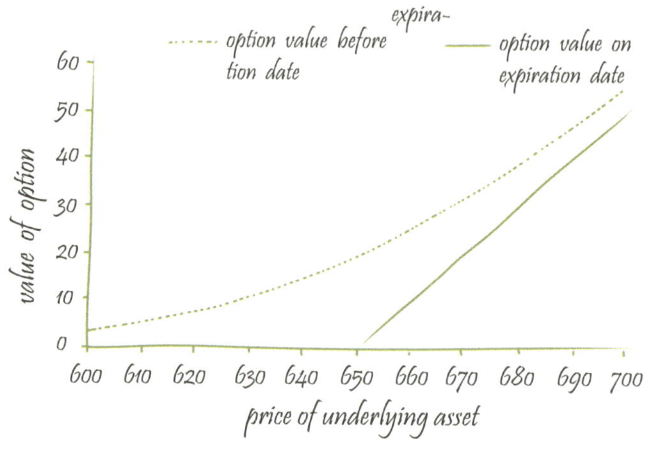

上图　在截止日期以650美元购股的期权的价值看上去类似图中的实线。由于采取了动态对冲策略，在截止日期以前的期权价值一直稍高（图中虚线）。

上下移动以及随机摇摆。只有摇摆的幅度即波动，才对认股权有重要意义，而这一波动是以数字西格玛（σ）（见下页图）测度的。通过一个名为正态分布或钟形曲线的人所共知的函数，可以计算任何特定大小的波动的发生概率。例如，出现大于等于“一个西格玛”的价格增幅的概率约为15.8%，而大于等于“两个西格玛”的价格增幅的概率约为2.2%。

为什么布莱克－斯科尔斯的建议如此诱人呢？这或许是因为人们对钟形曲线的熟悉程度。任何可由对硬币（哪怕是偏性硬币）做无穷多次独立的掷币加以模拟的随机过程将形成正态分布。如果你曾观察过一台股票行情自动收录器，你或许便曾见过无穷无尽的正负信息流在你面前潺潺流过，它们指示着这只股票的报升与报跌信息。看上去，这确实就像一个无穷无尽（或者几乎无穷无尽）的掷币过程。

最后，布莱克和斯科尔斯又来了一次神来之笔。与过去把对冲战略视为战胜市场的一种手段的投资者不同，他们认为市场是不可战胜的。如果你把你的投资组合按照排除风险的方式进行对冲，你得到的回报率应该刚好等于进行最无风险的投资——美联储三十年国债券——的投资者的回报率。这一论证让一切准备工作就绪，于是他们最后得到了布莱克－斯科尔斯方程：

$$\frac{\partial V}{\partial t}+\frac{1}{2}\sigma^2 S^2\frac{\partial^2 V}{\partial S^2}+rS\frac{\partial V}{\partial S}=rV$$

这一方程的左端代表你购买期权并根据布莱克与斯科尔斯开出的药方对其进行动态对冲所能得到的投资回报率。方程的右端代表你单纯把钱存在银行中（其中 r 为存款利率）所能得到的回报率。根据布莱克与斯科尔斯的观点，在有效市场内二者相等。

与麦克斯韦方程和热传导方程一样，布莱克－斯科尔斯方程也是偏微分方程，这是物理学家和数学家熟知的类型。正是同一种方程描述

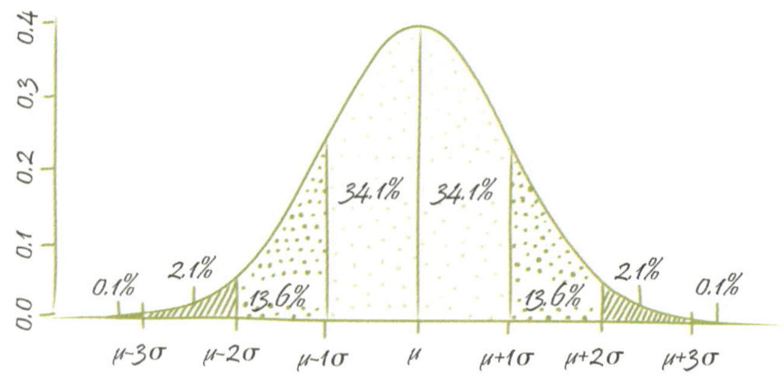

上图　记为σ的标准差是对经典正态分布曲线内数量分布的量度。

了气体内分子的扩散，因为它们的运动也同样是由数不清的微小摇摆组成的。对于最简单的看涨期权来说，布莱克与斯科尔斯推导出了 V 值的精确解。但布莱克－斯科尔斯方程也可以应用于各种其他更不寻常的期权，诸如与超过一种股票挂靠的期权，或者与借贷违约挂靠的期权。

引人注目的是，一位数学家在七十多年前就为布莱克和斯科尔斯做出了前期准备工作。1900 年，庞加莱的一位名叫路易斯·巴歇利埃[50]的学生研究了一种几乎与前所述完全一样的期权价值模型（其中包括有关随即涨落的同样想法），并得到了一个几乎完全一样的方程。但在巴歇利埃生活的时代，这一方程生长的沃土还不存在。数学经济学这一学科那时还没有诞生。纯数学家对他由无穷多微小摇摆组成的过程（现在人称“布朗运动”）这一想法很有兴趣，但他们对巴歇利埃耐人寻味的例子毫无兴趣。他的一位同事保罗·雷维[51]以轻蔑的笔调在私人笔记本上写下了评论：“金融问题实在太多！”

但 1973 年的世界已经万事俱备。这一年，世界上第一家期权交易所在芝加哥成立。在以后的二十年间，布莱克－斯科尔斯公式改变了华尔街。首先，它为全新的一代交易家——数量分析专家创造了工作机会。这些人通常有数学或物理背景，他们懂得偏微分方程。但或许对社会更重要的是，布莱克－斯科尔斯为数学金融学构筑了一道不可战胜的光环。期权是在股市上的高风险赌博，是一度被人视为多少

有些声名狼藉的投资，但现在的形象似乎恰恰相反。它们是控制与消除风险的根本性工具。对于布莱克、斯科尔斯和默顿来说，世界正逐步走向一种理想的状态，在这一状态下你的确无法战胜市场，而且一切期权会根据数学模型有理性地定价：这是他们的信条。从这一观点出发，数量分析专家不只赢得了金钱；他们有助于加强市场的效率。

上图　布朗运动：表现流体内悬浮粒子进行的看上去无序的小规模运动（计算机艺术图）。

正如冯·诺伊曼精确预报天气的梦想一样，完善的市场的美梦从来未能成真。第一条裂缝出现于1987年的黑色星期一，当日道琼斯指数狂泻22%以上，是有史以来单日百分比下跌的最高纪录，第二名望尘莫及。人们普遍将这次股灾归罪于由计算机操作的程序交易——这种对股票的自动化售出正是动态对冲所要求的。

出现于1998年的第二道裂缝更令这一理论的创造者们本人感到大为尴尬。到了这时，斯科尔斯和默顿都是一个名叫长期资本管理公司（长资管）的对冲基金的合伙人。尽管他们不负责日常操作，这两位诺贝尔奖得主还是大大增加了这一基金会的权威，这就像一次风险中性投资的实验室实验。

在 1994 到 1998 年间，长资管把它的投资者的资金翻了两番，看来没有辜负它保证回报率的许诺。随后，在不到两个月期间，一切都土崩瓦解。从俄罗斯政府的债务毁约开始，一连串雪崩式的事件把波动水平推上了九霄云中，远远超过了根据模型它们应该到达的层次。

长资管的资金大出血。最后，在公司濒于破产之际，美国联邦储备银行组织了一次十四家主要私人银行的财团纾困行动——上述这些银行在迫不得已的情况下同意参与这一行动，因为它们担心长资管"太大了，千万倒闭不得"。如果长资管真的倒闭了，其他银行可能如同多米诺骨牌一般也随之分崩离析。

最后，一次甚至更为庞大的危机在 2007 年震撼了整个金融世界。这一次，信贷衍生物——这是前所述及的衍生物中相对更不稳定的产品——市场一泻千里。布莱克 - 斯科尔斯公式在更大程度上间接卷入了这次危机。几年来，银行一直在为原本没有正常资格取得贷款的购房者提供"次贷"借款。银行这么做并非出于"大公无私"；它们认为，它们可以通过把许多贷款抵押打包放入一种名为"抵押担保债券"（抵保券）的金融证券中来控制风险。数量分析专家已经在正态分布的基础上研发了一种叫作"高斯联结相依"的方便公式，这让抵保券获得了公平市场价值……前提是，贷款违约之间不存在相互关系，或至少相互关系不大。换言之，如果迈阿密的一位房主因无力偿还贷款而导致房屋被银行收回，这一事件不应影响在拉斯维加斯的另一位房主。

但房地产泡沫于 2007 年破裂，一股无力偿还贷款的浪潮席卷了整个国家。突然之间迈阿密便影响了拉斯维加斯，反之亦然。在恐慌中，所有的相互关系都扯到了一起。整个国家的各家银行都没有足够的资本来支付它们的赌注，于是便开始接二连三地倒闭：计有贝尔斯登投资银行、华盛顿互惠银行、雷曼兄弟银行等。政府又一次必须干预，但这次的规模远超上一次。美国财长宣布了七千亿美元的纾困计划，或称“问题资产救助计划”。政府采取了史无前例的行动，它实际上收购了美国国际集团——保险业世界头号巨头、“太大了，千万倒闭不得”的公司之一。与1998年的情况不同，这一次私营板块没有足够多的银行能够正常运转，无法承担这一工作。

所有这些灾难的一般共性是数学模型未能预期市场波动。正态分布的基础是如下假定：进行数不清的随机选择的无数无关大局的参与者相互之间完全不存在影响。但当一个参与者变得太大（如长资管）或当各个参与者的行为不再相互独立（如在1987年与2007—2008年间发生的恐慌）时，人们便无法应用这一模型。事实上，一小批持不同意见的经济学家多年来一直认为，布莱克-斯科尔斯一类模型永远不应该使用，因为它们低估了发生极端事件的可能性。

然而，布莱克-斯科尔斯方程及其背后的哲学现在已经实在太根深蒂固，一下子把它们抛弃实属不易。反之，经济学家们正在试图找到修正途径，令其更好地反映实际市场的行为。例如，“跳扩散”模型认为，股价有三个组成部分：长期漂移、短期随机摇摆和由于整个股市的突然倾斜而造成的中期跳跃。当然，这似乎能更好地定性反映真实的情况。布莱克-斯科尔斯方法在多数情况下确实能够非常好地工作，但它对随机发生的非经常事件却一筹莫展。另一途径是将波动 σ 视为随机过程本身造成的，或者是由 S 与 t 的一个经验函数造成的。遗憾的是，所有这些想法都让人觉得很不完善。它们似乎只是在尽力保持布莱克-斯科尔斯公式的外形，但却丧失了它的内在连贯性。

最后，这一问题依然悬而未决：未来的数学能够降服老虎吗？或者，老虎还总是会在我们最意想不到的时刻破笼而出吗？我无法装出能够回答这一问题的样子；这是一个要由21世纪的经济学家、金融工程师与数学家加以研究解答的问题。在他们成功伏虎或证明了一个新的“不可能定理”之前，有意投身市场的芸芸众生仍然必须认真吸取1987、1998和2007年的深刻教训。

结论：
将来会如何?

本书的结尾让我们提出了一个问题：方程的下一步会如何？

首先是好消息。在世界范围内，数学与科学的事业看上去依旧非常健康。重要公式的绝对数量看来还存在着持续上升的趋势，这反映了数学和科学在我们的社会中的成长。当在2008年开始撰写本书时，我在“沃尔弗拉姆数学世界”这一权威网站上搜索了“方程”“公式”和“恒等式”这三个术语。这一搜索引擎很尽职地给出了1947个方程、1253个公式和992个恒等式。三年后，同样的搜索给出了2032个方程、1307个公式和1026个恒等式。

另外一个正面的发展是互联网，它使人们能够容易得多地分享科学理念。还记得16世纪和17世纪那些“过去的不幸日子”吧，当时有些研究者不愿意与他人分享自己的工作，因此多次延缓了数学的进程。甚至在20世纪，一些苏联数学家的工作也因政治原因而未能在西方广为人知。现在，由于电子印本档案这类网站以及数学论坛与博客的存在，阻碍交流的壁垒降低到了前所未有的程度。

另一方面，并非一切迹象都是积极的。的确，有一些原因让人们觉得，20世纪见证了有趣而又优美的重要方程在一段时期内达到的顶峰。

首先，尽管方程、公式和恒等式的数量在最近三年中增加了173个，但这些新成员并不一定达到了我在《序》中设立的标准。这些方程令人吃惊吗？简捷吗？能造成重大影响吗？有普遍意义吗？21世纪真的会让我们再次目睹有如量子物理、混沌理论或者哥德尔不完备定理所带来的那种史诗般的震撼吗？我们无法预测这一点，但我觉得，那种震撼就像百年不遇的大洋。地理学家最终发现了地球上的所有大陆，而数学家似乎也将面临同样的问题。

而且，数学的行为方式也正在发生变化。计算机为人类带来了了解事物的新途径。气象预告或绘制人类基因组涉及海量数据的收集，其数量之大远非人脑所能操控。为了确定哪些数据才是重要的，科学家们不得不发明新的筛选方法。最重要的模式可能再也无法以方程的形式表达了。或许它们将在人工智能上编码，对此人脑则连理解都根本无法做到。

请允许我给出一个特定的例子，用以说明这种变化已经在哪里发生。最近 25 年来，计算机戏剧性地改变了国际象棋高手们理解棋艺的方式。例如，计算机可以解决某些棋局，而人类对此却一筹莫展。人类能够掌握的最高水平的残局或许是一王一象一马对单王的绝杀。这一过程很棘手，但可将之分解成一个个步骤；根据计算机运算，如果双方都无错漏，将死单王最多需要 33 步。然而计算机还发现了其他残局的走法，如王、卒、象对王和双马，而如果双方都不出错的话较强的一方需要多达 223 步方能取胜。这些步骤是人类完全无法理解的。如果比较 80 步后的棋局和 50 步后的棋局，你无法解释，为什么较强的一方又向胜利高歌猛进了 30 步。

这一例子说明，有些知识过于复杂，人类的头脑无法掌握。这些知识未必深刻，只是复杂而已。方程的进化使其成为一种强有力的工具，让我们能够掌握有些无法或者很难用语言表达的想法。但隐藏在 21 世纪数据库中的真相可能连方程也只能徒呼无奈。这些真相可能是象棋绝杀 223 步的科学对等物。

最后，我期待着在运用数学的途径方面发生的变化。在历史上，数学与物理有着紧密的联系，但在下个世纪中，我们可能会看到它在其他学科如生物学或社会科学上的应用。利用数学治疗癌症的想法是极其令人兴奋的。

但还存在着一个难题。如果我们想要用数学来描述世界上的任何东西，我们就必须构筑一个数学模型。而模型总不是尽善尽美的。首先，它们总是以某种方式过分简化了实际情况；其次，任何数学模型都始于假定。有时这些假定似乎非常明显，或者通过实验设立得非常之好，以至于我们忘记了它们仅仅是假设而已。我们钟情于我们的模型，而当我们不得不修改甚至放弃它们时，我们的心灵就会受到重创。我们不妨回想一下非欧几何或者决定动力系统的混沌理论发现时的状况。

出于一些我们尚未完全明了的原因，在历史上，物理学中的数学模型引人注目地成功，但生物学中的数学模型则并非如此。通常，能以任何精度描述生物学过程的数学模型都有失繁冗。这种模型会包括许多方程，而且即使对于最基本的行为，它也难以把握其原因。我们就好像迷失在223 步将军的过程中而莫衷一是。例如，数学生物学家开发了对心脏的计算机模拟，它能再现心室性心搏过速和纤维性颤动。尽管如此，人们对电震发生器这种最基本治疗方法的奏效原因还无法达成任何一致意见。

总而言之，我确信不疑的是，百年之后的本书续集将会有来自 21 世纪的 6 项相当神奇的方程。我无法肯定，它们的神奇程度是否会达到爱因斯坦的质能方程或狄拉克方程或混沌方程的水准。或许，在完全无法达到简捷方面要求的数学生物学上我们会取得重大突破。会有许多可与 223 步将军相类比的发现，人们无法用语言或方程表达它们，必须将其在人工智能上编码。方程的整个观念看上去或许开始有些过时。

但是我们不要忘记的是，数学具有异乎寻常的悠久传统。某些事情不会很快地改变。我预测，从现在起的 100 年间，如同在等号两边填上内容那样令人满意的事情不会太多。

？＝？

R134
1.1
2.3
3.45
4.25
5.2
6.21
W056

致谢

今后，每当我想到这本书，我就会觉得它像一只可爱的宠物：某一天它出现在你的门阶前，不修边幅，摇头摆尾，虽然并不很知道自己需要什么，但却确信不疑地认为，你就是那个能够为它提供所需物品的人。艾尔文街制作公司有意策划一本讲述数学方程历史的书，并开始物色作者。就这样，这本书的概要来到了我的门阶前。

他们提出的内容实在让我很恼火，我对本书应该有什么内容有着完全不同的想法。过了好久，我总算定下心来，接受了按照别人的想法开始写书这一事实。但实际上，我想要写一本数学书的愿望由来已久，所以我知道，我可以克服这个困难。

因此，首先我愿感谢艾尔文街的诸位，他们接受了我对他们的观点的通盘修改，一直都对此充满信心，并最终为本书找到了我所能够想到的最佳共同出版商：普林斯顿大学出版社和新南方出版社。

我也愿感谢如下人士（排名不分先后）：

约翰·维尔克斯，加州大学圣克鲁斯分校科学交流计划创办人，他为想写书的众多科学家指明了方向。

彼得·雷德茨盖，我在加州大学圣克鲁斯分校的老师之一，他告诉我：“我认为你将会有一次绝妙的探险。”

彼得·斯泰因哈特，克鲁斯分校教我论文写作的老师；以及罗萨林德·雷德，我在《美国科学家》杂志的第一位编辑。他们让我确信，在科学写作中不但可以使用第一人称单数，而且这样写作的人还很多。

马丁·加德纳，我阅读的第一本通俗数学读物的作者，他的书读上去流畅自如，令人毫无困难之感。

乔治·波莱亚，当我在大学读到欧拉的贝塞尔公式时，他对此的解释就像太浩湖的湖水那样清澈而又深沉。

尼沙巴，苏美尔的写作女神（从引申的意义上说也是数学女神），是她，让数学与写作获得了生命。

另外还有我的爱妻——凯，是她鼓励我追寻我的写作之梦，然后她自己也踏上了同一条寻梦之旅。写作远非局限于将文字付诸纸上——这是她教给我的。

译者注释

引言

1 理查德·费曼（Richard Phillips Feynman，1918—1988），美国物理学家。1965 年诺贝尔物理奖得主。他提出的费曼图、费曼规则和重整化的计算方法是研究量子电动力学和粒子物理学的重要工具。

2 如尼符号（runes），古代北欧人使用的字母和文字，西欧人过去有时认为它们带有神秘色彩。

第一部分：古代的定理

1 丢番图（Diophantus，约 246—330），古希腊亚历山大学派后期的重要学者和数学家，代数学的创始人之一，对算术理论有深入研究。

2 罗伯特·雷科德（Robert Recorde，1510—1558），16 世纪英国最有影响的数学家之一和第一位数学教育家，等号的发明者。

3 利奥波德·克罗内克（Leopold Kronecker，1823—1891），德国数学家与逻辑学家。

4 朱塞佩·皮亚诺（Giuseppe Peano，1858—1932），意大利数学家、逻辑学家、语言学家。

5 大卫·希尔伯特（David Hilbert，1862—1943），德国数学家，是 19 世纪和 20 世纪初最具影响力的数学家之一。

6 伯特兰·罗素（Bertrand Russell，1872—1970），20 世纪英国哲学家、数学家、逻辑学家、历史学家，无神论或者不可知论者。

7 阿尔弗雷德·诺斯·怀特海德（Alfred North Whitehead，1861—1947），英裔美籍数学家、哲学家。

8 库尔特·哥德尔（Kurt Gödel，1906—1978），奥地利—美国数学家、逻辑学家和哲学家。

9 菲利普·戴维斯（Phillip Davis，1923—），美国数学家。

10　鲁本·赫斯（Reuben Hersh，1927—），美国数学家。

11　肘尺（cubit），是古代的一种长度单位，系从肘至中指指端，长约 17 ~ 21 英寸（43 ~ 53 厘米）。

12　婆罗摩笈多 (Brahmagupta，约 598—约 660），印度数学家、天文学家。

13　梵天（Brahma），印度教三大主神之一，负责创造宇宙。

14　乌贾因（Ujjain），印度中央邦西南部城市。

15　阿耶波多（Aryabhata，476—550），印度数学家、天文学家。

16　爱奥尼亚（Ionia），是古希腊的殖民地。

17　尼沙巴（Nisaba），是苏美尔人的农业、书记和学术女神。

18　埃利亚的芝诺 (约前 490—约前 430），古希腊哲学家，埃利亚学派的主要代表人物。

19　巴门尼德 (Parmenides of Elea，约前 515 年—前 5 世纪中叶以后)，诞生在埃利亚（南部意大利沿岸的希腊城市）的古希腊哲学家。

20　昔兰尼的西奥多罗斯(Theodorus of Cyrene，约前 465—前 399)，希腊数学家。

21　M.F. 布尼特（Myles Fredric Burnyeat，1939—），英格兰古代哲学学者。

22　欧多克索斯（Eudoxus，约前 408—前 355），希腊天文学家及数学家。

23　埃拉托色尼 (Eratosthenes，前 276？—前 195），古希腊地理学家、天文学家、数学家和诗人。

24　阿基米德(Archimedes，公元前 287—前 212)，伟大的古希腊哲学家、数学家、物理学家、工程学家。

25　刘徽（约 225—295），三国 / 晋代伟大数学家。

26　原文中有关刘徽证明的叙述不易理解，译者代之以自己的解释。

27　约瑟夫·道本（Joseph Daibem，1944—），美国历史学家。

28　威廉姆·尚克斯（William Shanks，1812—1882），英格兰业余数学家。

29　喀拉拉（Kelrala），在印度西南部。

30　尼拉坎塔·索马亚基（Nilakantha Somayaji，1444—1544），印度数学家、天文学家。

31　玛达瓦（Madhava，约 1340—约 1425），印度数学家、天文学家。

32　詹姆斯·格里高利(James Gregory，1638—1675)，苏格兰数学家、天文学家。

33　艾萨克·牛顿(Isaac Newton，1642—1727)，伟大的英格兰物理学家、数学家、天文学家、自然哲学家，著有《自然哲学的数学原理》《光学》《二项式定理》和《微积分》。

34　戈特弗里德·威廉·莱布尼茨（Gottfried Wilhelm Leibniz，1646—1716），德国哲学家、数学家、科学家、外交家、著述家。

35　莱昂哈德·欧拉（Leonhard Euler，1707—1783)，瑞士数学家，人们认为他与高斯是历史上最伟大的两位数学家。

36　威廉姆·琼斯（1675—1749），威尔士数学家。

37　约翰·兰伯特（Johann Heinrich Lambert，1728—1777），瑞士数学家、物理学家、哲学家与天文学家。

38　费迪南德·林德曼（Ferdinand Lindemann，1852—1939），德国数学家。

39　大卫·贝里（David Bailey，1948—），美国数学家。

40　彼得·波温（Peter Borwein，1953—），加拿大数学家。

41　西蒙·普劳夫（Simon Plouffe，1956—），加拿大数学家。

42　阿喀琉斯（Achilles），希腊神话中的英雄，全身上下刀枪不入，但脚踵是他身上唯一的弱点。

43　叙拉古（Syracuse），是意大利西西里岛东部的一座海港城市。

第二部分：探索时代的定理

1　尼克罗·塔尔达利亚（Nicolo Tartaglia，1500—1557），意大利数学家。

2　洛多维科·费拉里（Lodovico Ferrari，1522—1565），意大利数学家，发现了四次方程的解法。

3　吉罗拉莫·卡尔达诺（Girolamo Cardano，1501—1576），意大利文艺复兴时期多种学科的学者，主要擅长数学、物理、医学。

4　帕修黎修士（1445—1517），意大利数学家，被人们视为现代会计学之父。

5　波伦亚（Bologna），意大利城市。

6　菲尔洛（Scipio del Ferro，1465—1526），意大利数学家，首次发现求解缺二次项的三次方程的解法。

7　Antonio Maria Fiore and Annibale della Nave。

8　托马斯·杨（Thomas Young，1773—1829），英国医生、物理学家，光的波动说的奠基人之一。

9　拉菲罗·邦别利（Rafael Bombelli，1526—1572），意大利数学家。

10　阿尔伯特·爱因斯坦（1879—1955），美籍德裔犹太人，现代最伟大的物理学家，现代物理学的开创者、奠基人。

11　尼尔斯·亨里克·阿贝尔(Niels Henrik Abel, 1802—1829),挪威杰出的数学家。

12　尼古拉·哥白尼（Nicolaus Copernicus，1473—1543），波兰杰出的天文学家，现代天文学的开拓者。

13　萨默斯（Samos），希腊爱琴海中的一个小岛。

14　阿利斯塔克（Aristarchus，前 315—前 230），古希腊第一位著名天文学家。

15　伽利略·伽利雷（Galileo Galilei，1564—1642），意大利物理学家、天文学家、哲学家，近代实验科学的先驱者。

16　约翰尼斯·开普勒（Johannes Kepler，1571—1630），德国杰出的天文学家、数学家。

17　第谷·布拉赫（Tycoon Brahe，1546—1601），丹麦天文学家和占星学家。

18　托勒密(Prolemy, 约 90—168), 希腊数学家、天文学家、地理学家、占星家。

19　鲁布·戈德堡(Rube Goldberg, 1883—1970), 美国动画片师、雕刻家、作家、工程师、发明家。

20　普鲁塔克（Plutarch，约 46—120），希腊传记作家。

21　皮埃尔·德·费马（Pierre de Fermat，1601—1665），法国律师、业余数学家。

22　图卢兹（Toulouse），法国南部城市。

23　马兰·梅森神父(Father Marin Mersenne，1588—1648), 法国神学家、哲学家、数学家、音乐理论家。

24　勒内·笛卡儿(René Descartes, 1596—1650), 法国著名的哲学家、物理学家、数学家、神学家，他对现代数学的发展做出了重要的贡献，因将几何坐标体系公式化而被认为是解析几何之父。

25　伯纳德·弗兰涅克尔·德·贝西（Bernard Frénicle de Bessy，约 1605—1675），法国数学家。

26　弗朗西斯·贝肯（Francis Bacon，1561—1626），英格兰哲学家、政治家、科学家、法学家、演说家和作家。

27　安德烈·韦伊（André Weil，1906—1998），法国数学家，布尔巴基小组的创始人之一。

28　彼得·狄利克莱（Peter Gustav Lejeune Dirichlet，1805—1859），德国数学家。

29　加布里埃尔·拉梅（Gabriel Lamé，1795—1870），法国数学家。

30　恩斯特·库默尔（Ernst Kummer，1810—1893），德国数学家。

31　格哈德·弗赖（Gerhard Frey，1944—)，德国数学家。

32　谷山－志村猜想 (Taniyama–Shimura conjecture)，1955 年 9 月由谷山丰(Taniyama Yutaka，1927—1958，日本数学家）提出，至 1957 年止，他与志村五郎（Shimura Goro，1930—，日本数学家）一起改进了其严格性。这一猜想建立了椭圆曲线和模形式之间的重要关系，后由安德鲁 · 怀尔斯等人证明后称谷山－志村定理。

33　肯尼斯 · 里贝特（Kenneth Ribet，1948—），美国数学家。

34　M.C. 埃舍尔（Maurits Cornelis Escher，1898—1972），荷兰版画家，因引起绘画中的数学性而闻名。

35　安德鲁 · 怀尔斯（Andrew Wiles，1953—），英国数学家。

36　威廉 · 邓纳姆（William Dunham），美国当代数学史家。

37　伏尔泰（Voltaire，1694—1778），法国启蒙时代思想家、哲学家、文学家，启蒙运动公认的领袖与导师。

38　博纳文图拉 · 卡瓦列里(Buonaventura Cavalieri，1598—1647)，意大利数学家。

39　艾萨克 · 贝若（Isaac Barrow，1630—1677），英格兰神学家、数学家。

40　卡尔 · 弗里德里希 · 高斯（Karl Friedrich Gauss，1777—1855），德国数学家、物理学家、天文学家、大地测量学家，近代数学的奠基人之一。

41　罗伯特 · 胡克（Robert Hooke，1635—1703），英国物理学家、博物学家、发明家。

42　克里斯多菲 · 雷恩(Christopher Wren，1632—1723)，英国建筑师、天文学家。

43　克里斯蒂安 · 惠更斯（Christian Huygens，1629—1695），荷兰物理学家、天文学家、数学家。

44　埃德蒙顿 · 哈雷（Edmund Halley，1656—1742），英国天文学家、数学家、物理学家。

45　腓特烈一世（Frederick I，1657—1713），普鲁士的第一位国王，1701—1713 年在位。

46　彼得一世（Peter I，1672—1725），俄国沙皇（1682—1725），俄罗斯帝国皇帝（1721—1725），史称彼得大帝，通常认为他是俄国最杰出的君主。

47　乔治 · 波利亚（George Polya，1887—1985），美国著名数学家、数学教育家。

48　安娜女皇（Empress Anna，1693—1740），彼得一世的侄女，1730—1740 年的俄国女皇。

49　腓特烈二世（Frederick II，1712—1786），普鲁士君主，1740—1786 年在位。

50　多立克柱（Doric column），古典建筑三种柱式中出现最早的一种（公元前 7 世纪）。另外两种是爱奥尼柱和科林斯柱，它们都源于古希腊。

51 库克洛普斯：希腊神话中的独眼巨人。

52 卡特琳娜二世（Empress Catherine II，1729—1796），或称凯瑟琳二世或凯瑟琳大帝。俄罗斯帝国女皇，1762—1796 年在位。

53 叶卡特琳娜·塔什科娃公主（Princess Ekaterina Dashkova，1743—1810），凯瑟琳大帝最亲密的闺密，俄罗斯启蒙运动的一位主要人物。

54 杰里米·格雷（Jeremy Gray，1947—），英格兰数学家，主要兴趣为数学史。

第三部分：普罗米修斯时代的定理

1 普罗米修斯（Prometheus），希腊神话中泰坦巨人之一，曾为人间偷来天火。

2 威廉·若宛·汉密尔顿爵士（Sir William Rowan Hamilton，1805—1865），爱尔兰数学家、物理学家、天文学家，最大的成就是四元数的发明。

3 玛丽·雪莱（Mary Shelley，1797—1851），英国著名小说家，因 1818 年创作了文学史上第一部科幻小说《弗兰肯斯坦》而被誉为科幻小说之母。

4 威廉·华兹华斯（William Wordsworth，1770—1850），英国诗人。

5 汉弗莱·劳伊德（Humphrey Lloyd，约 1800—1881），爱尔兰物理学家。

6 约翰·格雷夫斯（John Graves，1806—1870），爱尔兰数学家。

7 奥利弗·亥维塞（Oliver Heaviside，1850—1925），自学成才的英格兰数学家、物理学家。

8 约西亚·威拉德·吉布斯（Josiah Willard Gibbs，1839—1903），美国物理化学家、数学物理学家。他奠定了化学热力学的基础，创立了矢量分析并将其引入数学物理之中。

9 开尔文勋爵威廉·汤姆森（William Thomson，Lord Kelvin，1824—1907），英国数学物理学家、工程师、发明家。

10 克拉克·麦克斯韦（Clerk Maxwell，1831—1879），苏格兰理论物理学家，经典电动力学的奠基人，统计物理学的奠基人之一。

11 埃利·嘉当（Elie Cartan，1869—1951），法国数学家。

12 尼尔斯·阿贝尔（Niels Henrik Abel，1802—1829），挪威天才数学家，与埃瓦里斯特·伽罗瓦并列为现代群论的创始人。

13 埃瓦里斯特·伽罗瓦（Évariste Galois，1811—1832），法国天才数学家，与尼尔斯·阿贝尔并列为现代群论的创始人。

14 奥古斯丁·路易·柯西（Augustin-Louis Cauchy，1789—1857），法国著名数学家。

15　阿德利昂·玛利·埃·勒让德（Adrien-Marie Legendre，1752—1833），法国著名数学家。

16　查理十世（King Charles X，1757—1836），法国国王，1824—1830 年在位。

17　拉法耶特侯爵（Marquis de Lafayette ，1757—1834），法国政治家，曾亲历美国独立战争与法国大革命。

18　路易·菲力浦（Louis-Philippe，1773—1850），法国国王，1830—1848 年在位。

19　巴士底日：法国国庆，为每年 7 月 14 日。

20　大仲马（Alexandre Dumas，1802—1870），法国浪漫主义作家。

21　查尔斯·埃尔米特（Charles Hermite，1822—1901），法国数学家。

22　默里·盖尔曼（Murray Gell-Mann，1929—），美国物理学家，1969 年因其在基本粒子理论上的工作获得诺贝尔物理学奖。

23　伊曼努尔·康德（Immanuel Kant，1724—1804），德国哲学家、德国古典哲学创始人。人们认为他是对现代欧洲最具影响力的思想家之一，也是启蒙运动的最后一位主要哲学家。

24　圣杯寻秘：圣杯是传说中耶稣在最后的晚餐中使用过的餐具，而在耶稣受难时也盛放过耶稣的血。两千年来无数人曾寻找过圣杯，但它至今下落不明，现在仍为一个不解之谜。

25　约翰·沃利斯（1616—1703），英格兰数学家；约翰·普莱费尔（1748—1819），苏格兰科学家、数学家；吉罗拉莫·萨切利（1667—1733），意大利教士、哲学家、数学家；约翰·海因里希·朗伯（1728—1777），德国数学家；沃尔夫冈·波尔约：非欧几何创始人之一亚诺什·波尔约的父亲，匈牙利数学家。

26　弗里德里希·威廉·贝塞尔（Friedrich Bessel，1784—1846），德国天文学家、数学家。

27　亚诺什·波尔约（Janos Bolyai，1802—1860），匈牙利数学家。

28　尼古拉·伊万诺维奇·罗巴切夫斯基（Nikolai Ivanovich Lobachevsky，1792—1856），俄国数学家，非欧几何的创始人之一。

29　伯恩哈德·黎曼（Bernhard Riemann，1826—1866），德国数学家、物理学家，以非欧几何方面的研究工作闻名于世。

30　巴甫努蒂·切比雪夫（Pafnuty Chebyshev，1821—1894），俄国数学家。

31　雅克·阿达马（Jacques Hadamard，1865—1963），法国数学家。

32　瓦莱普桑（Charles de la Vall é e Poussin，1866—1962），比利时数学家。

33　克里斯多费尔·胡里（Christopher Hooley，1928—），英国数学家。

34 约瑟夫·拉格朗日(Joseph lagrange，1736—1813)，法国籍意大利裔著名数学家、天文学家。

35 皮埃尔·西蒙·拉普拉斯(Pierre Simon Marquis de Laplace，1749—1827)，法国著名天文学家、数学家。

36 约瑟夫·刘维尔(Joseph Liouville，1809—1882)，法国数学家、力学家、天文学家。

37 西莫恩·德尼·泊松(Simeon Denis Poisson，1781—1840)，法国数学家。

38 让·巴普蒂斯·约瑟夫·傅立叶(Jean Baptistery Joseph Fourier，1768—1830)，法国著名数学家、物理学家。

39 弗兰西斯科·戈里马尔蒂(Fransesco Grimaldi，1618—1663)，意大利数学家、物理学家。

40 奥古斯丁·菲涅尔(Augustin Fresnel，1788—1827)，法国工程师、物理学家。

41 亚力山德罗·伏特(Count Alessandro Volta，1745—1827)，意大利物理学家。

42 汉斯·克里斯蒂安·奥斯特(Hans Christian Ørsted，1777—1851)，丹麦物理学家、化学家。

43 迈克尔·法拉第(Michael Faraday，1791—1867)，英国物理学家、化学家，也是著名的自学成才的科学家。

44 阿曼德·斐索(Armand Fizeau，1819—1896)，法国物理学家。

45 安培(Andre Marie Ampere，1775—1836)，法国化学家、数学家、物理学家。

46 古列尔莫·马可尼(Guglielmo Marconi，1874—1937)，意大利工程师，专长为无线电设备的研制与改进，1909 年获得诺贝尔物理学奖。

第四部分：我们这个时代的定理

1 赫尔曼·闵可夫斯基(Hermann Minkowski，1864—1909)，德国犹太人数学家。

2 海因里希·赫兹(Heinrich Hertz，1857—1894)，德国物理学家。

3 菲利普·莱纳德(Philipp Lenard，1862—1947)，德国物理学家，1905 年诺贝尔奖获得者。

4 马克斯·普朗克(Max Planck，1858—1947)，德国著名物理学家，1918 年诺贝尔奖获得者。

5 罗伯特·密立根(Robert Millikan，1868—1953)，美国物理学家，1912 年诺贝尔奖获得者。

6　阿尔伯特·麦克尔逊（Albert Michelson，1852—1931），美国物理学家，1907年诺贝尔奖获得者。

7　爱德华·莫雷（Edward Morley，1838—1923），美国化学家、物理学家。

8　约翰·惠勒（John Wheeler，1911—2008），美国物理学家、物理学思想家与物理学教育家。

9　奥托·施特恩（Otto Stern，1888—1969），德国物理学家，1943年诺贝尔奖获得者。

10　瓦尔特·格拉赫（Walther Gerlach，1889—1979），德国物理学家。

11　保罗·阿德里恩·毛里斯·狄拉克（Paul Adrien Maurice Dirac，1902—1984），英格兰物理学家。

12　理查德·费因曼（Richard Feynman，1918—1988），美国理论物理学家。

13　弗朗克·韦尔切克（Frank Wilczek，1951—），犹太裔美国理论物理学家，2004年诺贝尔奖获得者。

14　卡尔·安德森（Carl Anderson，1905—1991），美国物理学家。

15　陈省身（Shiing-shen Chern，1911—2004），美籍华裔数学家，20世纪微分几何学的带头人之一。

16　迈克尔·斯皮瓦克（Michael Spivak，1940—），美国数学家，专攻微分几何。

17　卡尔·阿伦多尔弗（Carl Allendoerfer，1911—1974），美国数学家。

18　迈克尔·阿蒂亚（Michael Atiyah，1929—），英国数学家。

19　艾沙道尔·辛格（Isodore Singer，1924—），美国数学家。

20　卡尔文·摩尔（Calvin Moore，1936—），美国数学家。

21　罗伯特·布莱恩特（Robert Bryant，1953—），美国数学家。

22　格奥尔格·康托尔（Georg Cantor，1845—1918），德国数学家。

23　大卫·希尔伯特（David Hilbert，1862—1943），德国著名数学家。

24　利欧波尔德·克罗内克（Leopold Kronecker，1823—1891），德国数学家。

25　恩斯特·策梅洛（Ernst Cermelo，1871—1953），德国数学家。

26　亚伯拉罕·弗兰克尔（Abraham Fraenkel，1891—1965），以色列数学家。

27　保罗·科恩（Paul Cohen，1934—2007），美国数学家。

28　约翰·冯·诺伊曼（John von Neumann，1903—1957），匈牙利裔美国纯数学与应用数学家。

29　爱德华·洛伦兹（Edward Norton Lorenz，1917—2008），美国气象学家，混沌理论之父，蝴蝶效应的发现者。

30 米歇尔·赫农（Michel Henon，1931—），法国数学家和天文学家。

31 大卫·茹尔勒（David Ruelle，1935—），比利时－法国数学物理学家。

32 弗洛伊斯·特肯斯（Florist Takens，1940—2012），荷兰数学家。

33 罗伯特·梅（Robert May，1938—），澳大利亚生物学家。

34 詹姆斯·古莱克（James Gleick，1954—），美国作家、新闻记者与传记作家。

35 亨利·庞加莱（Henri Poincare，1854—1912），法国最伟大的数学家之一，理论科学家和科学哲学家。

36 亚历山大·利亚普诺夫（Aleksandr Lyapunov，1857—1918），俄国数学家、机械学家、物理学家。

37 玛丽·卡特莱特（Mary Cartwright，1900—1998），英国数学家。

38 约翰·利特尔伍德（Jhon Littlewood，1885—1977），英国数学家。

39 史蒂文·斯梅尔（Steven Smale，1930—），美国数学家。

40 波努瓦·曼德勃罗（Benoit Mandelbrot，1924—2010），波兰出生的法国与美国数学家。

41 李天岩（Tien-Yien Li，1945—)，中国（台湾）数学家。

42 詹姆斯·约克（James Yorker，1941—），美国数学家、物理学家。

43 奥列克山大·沙可夫斯基（Olexandr Sharkovsky，1936—），乌克兰数学家。

44 尼尔·斯特劳斯（Neil Strauss，1969—），美国作家、新闻记者、代笔作家。

45 罗伯特·默顿（Robert Merton，1944—），美国经济学家，1997 年诺贝尔经济学奖获得者。

46 费希尔·布莱克（Fischer Black，1938—1995），美国经济学家。

47 迈伦·斯科尔斯（Myron Scholes，1941—），加拿大出生的美国经济学家，1997 年诺贝尔经济学奖获得者。

48 希恩·卡索夫（Sheen Kassouf，1929—2006），黎巴嫩籍经济学家。

49 爱德华·索普（Edward Thorp，1932—），美国数学教授、作家、对冲基金经理。

50 路易斯·巴歇利埃（Louis Bachelier，1870—1946），法国数学家。

51 保罗·雷维（Paul Levy，1886—1971），法国数学家。

无言的宇宙(精装珍藏版)

[美]达纳·麦肯齐 著
李永学 译

图书在版编目(CIP)数据

无言的宇宙：精装珍藏版 /（美）达纳·麦肯齐著；李永学译．– 北京：北京联合出版公司，2018.3(2020.10重印)

ISBN 978-7-5596-0224-4

Ⅰ．①无… Ⅱ．①达… ②李… Ⅲ．①数学家–列传–世界 Ⅳ．① K816.11

中国版本图书馆 CIP 数据核字 (2017) 第 079717 号

The Universe in Zero Words

by Dana Mackenzie

Conceived and produced by Elwin Street Ltd

14 Clerkenwell Green
London, EC1R 0DP
UK
www.elwinstreet.com <http://www.elwinstreet.com>

北京市版权局著作权合同登记号 图字:01-2014-5916 号

选题策划 联合天际
责任编辑 崔保华
特约编辑 边建强

出　　版 北京联合出版公司
北京市西城区德外大街 83 号楼 9 层 100088
发　　行 北京联合天畅文化传播有限公司
印　　刷 北京联兴盛业印刷股份有限公司
经　　销 新华书店
字　　数 170 千字
开　　本 710 毫米 × 1000 毫米 1/16 14.5 印张
版　　次 2018 年 3 月第 1 版 2020 年 10 月第 6 次印刷
I S B N 978-7-5596-0224-4
定　　价 88.00 元

关注未读好书

未读 CLUB
会员服务平台

本书若有质量问题，请与本公司图书销售中心联系调换
电话：(010) 52435752 (010) 64258472-800